CÓMO UTILIZAR LO QUE TIENES PARA CONSEGUIR LO QUE QUIERES

Si está interesado en recibir información
sobre nuestras publicaciones,
envíe su tarjeta de visita a:

Amat Editorial
Comte Borrell, 241
08029 - Barcelona
Tel. 93 410 97 93
Fax 93 321 50 68
e-mail: info@amateditorial.com

CÓMO UTILIZAR LO QUE TIENES PARA CONSEGUIR LO QUE QUIERES

MARILYN TAM

Amat Editorial

La edición original de esta obra ha sido publicada en lengua inglesa por
Jodere Group, San Diego (California), con el título *How to Use What
You've Got to Get What You Want.*

Autora: *Marilyn Tam*
Traducido por: *Carme Font*
Diseño cubierta: *Jordi Xicart*

© Marilyn Tam, 2003
y para la edición en lengua española
© Editorial Amat S. L., Barcelona, 2005

ISBN: 84-9735-206-8
Depósito legal: B-2.639-2005
Fotocomposición: Zero Pre impresión, S. L.
Impresión: T. G. Vigor, S. A. - Sant Feliu de Llobregat (Barcelona)
Impreso en España – *Printed in Spain*

EN MEMORIA

DE AH YEH, TAM WING KWONG

ÍNDICE

AGRADECIMIENTOS

E STE LIBRO es el resultado de todas mis experiencias vitales, y por ese motivo deseo agradecer a todas las personas que se han cruzado en mi camino. Sin ellas, no sería la persona que actualmente soy.

Hay muchas personas especiales que han contribuido de forma muy particular a la elaboración de este libro. Agradezco a Kate Ludeman por proponerme que lo escribiera, y a Gay Hendricks por animarme a iniciar este proceso.

A mi editora y amiga Donna Beech, quien hace maravillas con los participios que sobran y me propone con delicadeza la necesidad de incluir más detalles porque lo que yo creía que estaba claro, quizá sólo lo estaba en mi mente. También te doy las gracias, Donna, por tu apoyo y buen humor cuando estaba encallada; has convertido la creación de este libro en una actividad mucho más agradable y dichosa.

A mi agente literario, Bill Gladstone, quien creyó en mí y me guió a lo largo del proceso de escritura y publicación de la obra. Bill, eres un amigo así como mi respetado colaborador. Te agradezco tu apoyo y entusiasmo.

A mi editora, Debbie Luican, debo decirle que es un placer trabajar con ella y su equipo del Grupo Jodere. Ha marcado un maravilloso nivel de colaboración e integridad en su compañía, y es un placer trabajar y crear contigo y con tus compañeros.

A mis amigos, profesores y familiares que han sido tan pacientes y tanto apoyo me han prestado cuando les decía que no podía salir a divertirme porque tenía que escribir: Tom Cunningham, Jan Ingram, Owen Tam, Sophia Tam, Lailan McGrath, Amy Taylor, Audrey Thieme, Henry Chan, Andrea Rifkin, Chungliang Al Huang, Michael Petracca, Eddie Erlandson, Barbara De Angelis, Candis y Don Kjelleren, Daniel Susott, Emerald Starr, Robert Muller, Barbara Gaughen Muller, Arun y Sunnada Ghandi, Nancy Brown, Leslie Larsen, Eva y Yoel Haller, y Lily Haggerty. Gracias por todo vuestro amor y confianza en mí. Aprecio enormemente vuestra presencia en mi vida.

A la memoria de Po Po y mi padre, Tam Chak Lam. Las lecciones que aprendí de ellos seguirán generando en mí una mayor integridad, generosidad y comprensión.

A Meeghus, por tu amor, apoyo y sentido del humor. Me siento inmensamente dichosa de jugar, aprender y crecer contigo. Te lo agradezco.

A Kwan Shih Yin, que es mi inspiración para vivir la vida con compasión, amor y felicidad. Y al Espíritu, quien me ha otorgado vida, orientación y maravillosas bendiciones. Estoy profundamente agradecida por todo ello.

PRÓLOGO

«QUIERO SABER tu receta para el éxito. ¿Cómo lograste todo esto? ¿Cuál es tu formación? ¿Qué licenciatura estudiaste? ¿Cómo conseguiste este empleo?» He oído estas preguntas, y otras parecidas, que la gente me ha ido formulando a lo largo de los años en ambientes de negocios y sociales. Lo que todas esas personas quieren saber realmente es cuál es mi secreto para lograr el éxito empresarial y la paz en la vida personal. Este libro ofrece una respuesta a esta pregunta.

Mi viaje personal demuestra que puedes utilizar todo con lo que has nacido para transformar tu vida en lo que quieras. Todos empezamos con una serie de ventajas e inconvenientes en nuestra existencia. En una infancia ideal, nuestros padres nos ayudan a reforzar nuestras ventajas naturales y a reducir nuestras desventajas. Pero muy a menudo ocurre precisamente lo contrario. En lo que a mí respecta, llegué a la edad adulta con varias desventajas en muchos aspectos de mi vida. Aun así, creo que fueron esas «desventajas» las que me dieron la fuerza y la visión para crear la exitosa carrera y la dichosa vida personal que siempre había soñado.

La clave para tener la vida que quieres está en tu interior; ya tienes lo que necesitas para lograr lo que deseas. Te mostraré cómo conseguirlo. Mi propia vida es una muestra de que cualquier persona, independientemente de su pasado, puede aplicar los principios que propongo en este libro y conseguir magníficos resultados.

Pero este libro no trata sobre mí. Mis pensamientos y prácticas constituyen los cimientos de este texto, y mis experiencias y relatos se entrelazan con esos cimientos, aunque sólo a modo de ejemplo.

Este libro va dedicado a todas las personas inteligentes, trabajadoras y bien intencionadas que se esfuerzan para ganarse la vida, alimentar a sus familias, enfrentarse a desafíos reales, al tiempo que desean llevar una vida plena y feliz. Este libro es para ti.

Así pues, la pregunta es: ¿puedes utilizar lo que tienes para conseguir lo que quieres?

Y la respuesta es sí. Si yo puedo hacerlo, tú también.

PRÓLOGO A LA EDICIÓN ESPAÑOLA

MARILYN TAM escribe una obra muy útil porque contiene, por un lado, un excelente sentido práctico y una enorme claridad y, por otro, nos ofrece enormes lecciones de fortaleza interior y de la parte más humana del liderazgo.

Es, en definitiva, un instrumento de primera calidad para el análisis sobre uno mismo, ya que nos ayuda a descubrir el secreto personal de cada uno para alcanzar un éxito profesional que no excluya la paz interior.

Las cosas de este mundo, «ahí fuera», eso que llamamos «el mundo exterior profesional», pueden llevarnos a situaciones muy enloquecedoras, extenuantes e incluso deprimentes.

La mirada de Marilyn Tam es la de la persona que primero ha sabido analizar su interior para poder luego mirar a su alrededor y no alejarse de aquello que debe dar sentido a su trabajo y vida.

Marilyn Tam sabe utilizar cuatro pilares fundamentales que han estructurado su pensamiento y obra: ser honesto y decir la verdad; saber trabajar en equipo; aprender de los errores, y ser fiel a los principios.

Sabe muchas cosas más, entre ellas que hay que acabar con la idea de la perfección; sabe que hay que ser fuerte y flexible al mismo tiempo (¡cuánta gente nunca aprenderá a combinar ambas cosas, causando tanto daño a su alrededor!); sabe mirar sin prejuicios; sabe buscar sentido; sabe qué es lo esencial...

Pero hay más: impresiona su sabiduría al recordarnos que hay que hacer el bien dentro del radio de acción al que uno puede acceder (ese principio de realismo que tanto bien hace aceptar y aplicar). Y otro gran valor es su potencia: En el inicio del capítulo siete se nos recuerda que las buenas ideas se encuentran por docenas, pero que no pasa nada con el hecho de que otros las tengan o hayan tenido las mismas que tenemos, ya que el modo de ejecutarlas es lo esencial.

Leer este libro ha sido un gran placer: se aprende mucho de uno mismo y, además tiene, entre otras, una virtud de enorme belleza: al leerlo, se pasea uno por su propia vida profesional y se reconoce el paisaje vital por el que uno ha transcurrido. En una palabra: leer a Marilyn Tam da seguridad. La misma que confiere leer una obra inteligente y auténtica.

JORDI NADAL
jordi-nadal@telefonica.net

INTRODUCCIÓN

E N EL TRABAJO, al igual que en la vida, me ciño a cuatro principios muy sencillos. Estos principios me mantienen por el buen camino y facilitan todas las interacciones empresariales y personales en las que me veo implicada. Me liberan para ser creativa y productiva. Me permiten detectar y aprovechar las oportunidades. Son lo primero que comparto con mi equipo directivo en cada empresa que dirijo, y conforman la base de nuestra relación laboral. Cuando el equipo sigue estos principios prácticos, el flujo de la comunicación es fluido; la productividad es elevada y el estado de ánimo es muy positivo.

Estos cuatro sencillos principios son las herramientas más poderosas y fácilmente aplicables que he utilizado a lo largo de mi carrera y de mi vida. Ahora, quiero compartirlas contigo.

1. VERDAD

DI LA VERDAD SIEMPRE. Decir la verdad simplifica tu vida, te aporta credibilidad y abre el camino a nuevas posibilidades de aprendizaje.

Resulta menos confuso. No tienes que recordar lo que has dicho a quién, y no meterás la pata con comentarios contradictorios. Esta norma es muy básica y también muy difícil de aplicar en algunas ocasiones. A menudo, decimos lo que pensamos que los demás quieren oír para que estén contentos. Pero cuando después la verdad sale a la superficie, nadie está contento. Y lo que es más importante, queda menos tiempo para arreglar lo que tenías miedo de decir en primer lugar.

Esta ha sido una herramienta especialmente eficaz para mí, puesto que tengo una magnífica memoria, ¡aunque dura muy poco! Decir la verdad siempre aclara la mente de toda confusión y reduce la tensión de recordar las diversas versiones de la «verdad» que has contado.

Además, ¡la verdad siempre sale a la luz! ¿Recuerdas Watergate? ¿Enron? Decir la verdad es mucho menos doloroso y cuesta menos esfuerzo. Independientemente del problema que trates de evitar, se resolverá mucho antes si dices la verdad y abordas la cuestión de inmediato. Dejar que los esqueletos se multipliquen en el armario sólo empeora las cosas.

Actualmente, los avances tecnológicos permiten que tarde o temprano (con grabadoras o socios espía) la verdad salga a la luz. Aborda la cuestión cuando surja, y no sólo dormirás mejor, sino que aprenderás antes y te asegurarás de seguir avanzando.

2. SOCIO

HAZME TU SOCIO. Hay muchas maneras de crear un socio que te apoye en tus esfuerzos. A menudo, las asociaciones pueden formar la red y el cimiento que luego puedes utilizar para lograr tus objetivos.

Si no hablas conmigo, no puedo ayudarte. Es así de sencillo. Si no incluyes a tus compañeros de trabajo, a los supervisores, a tu familia y a tus amigos en tus objetivos, no podrán ayudarte en tu misión.

En cualquier interacción, siempre existen dos caras: un comprador y un vendedor. Todas las partes están ahí porque quieren que se produzca la transacción. Encuentra el terreno común, e invita a los demás a ver el beneficio mutuo de la asociación. Cuando todas las partes sean propietarias del desenlace, trabajarán para que el resultado sea positivo. A partir de ese terreno común, todos podréis trabajar hacia la misma dirección (si es que permites que sean tus socios).

3. ERRORES

COMETE ERRORES GARRAFALES. Los grandes errores suelen desembocar en algo que al final te resultará beneficioso. Puedes convertir los errores en una oportunidad de crecimiento y avance.

Los errores pequeños son las faltas que todos cometemos cuando no prestamos atención. Son una pérdida de tiempo y de recursos, y no son ni instructivos ni constructivos.

Por otro lado, los errores garrafales que han sido fruto de una planificación y una organización sí son valiosos. Suelen resultar productivos a largo plazo. A veces, los grandes errores son el resultado de un riesgo calculado. Cometer errores garrafales es la consecuencia ocasional de hacer grandes avances.

Los errores garrafales sólo pueden ocurrir cuando has planificado las cosas. Si tu plan cuidadosamente elaborado resulta ser un chasco, es probable que te cueste dinero. Pero también te proporcionará exactamente la información que necesitas para modificar tu estrategia o realizar un cambio de rumbo. Aprendes, ajustas y vuelves con una estrategia más sólida e impactante que funciona. A largo plazo, los grandes errores son la mejor información de que disponemos. Las personas que más éxito tienen en la vida son las que hacen un buen uso de sus errores.

4. ESPADA

MUERE BAJO TU PROPIA ESPADA. Con esta metáfora me refiero a que debemos ser fieles a nuestras verdades y aferrarnos a nuestras convicciones. Es una forma segura de sentirte cómodo y en paz porque has hecho todo lo que has podido.

Lucha por tus ideas. Si estás comprometido con una idea después de investigarla diligentemente, no la dejes. Es posible que tu supervisor haya invertido una hora de su tiempo en tu presentación, y tú has trabajado en ella tres meses. Si tu proyecto es viable, y abandonas, lo lamentarás para siempre. Tanto si lo haces a su manera o a la tuya, tú eres el responsable del proyecto, así que no tienes nada que perder. Conocerás mejor esa idea, y te acabará por convencer, que si sigues el atajo al que te llevó tu supervisor. Si el proyecto estaba destinado a fracasar, ¿no es mejor tener problemas por algo que hiciste tú, en vez de por algo que otros te obligaron a hacer?

ANALIZAR LOS PRINCIPIOS

A medida que leas este libro, te darás cuenta de que he anotado qué principios se ilustran en cada relato o ejemplo. Te invito a que compruebes cómo estos valores guían las decisiones y elecciones. He colocado a propósito las definiciones y explicaciones de los principios en la introducción, de modo que puedas consultarlos fácilmente. Al fijarte en los principios, te darás cuenta de que puedes elegir cómo considerar una situación determinada. De esta forma, tendrás la capacidad de influenciar en el desenlace. Toda circunstancia es una experiencia de aprendizaje potencial, que tú puedes decidir cómo utilizar en provecho propio.

Muchas situaciones incluyen varios de esos principios a la vez. Los Puntos de Acción de cada capítulo son recordatorios de cómo puedes incorporar esas visiones a tu vida. Vivir conforme a esas pautas requiere integridad, valor y colaboración. Así es cómo dirijo mi negocio y cómo dirijo mi vida. Y funciona.

Disfruta con la lectura de este libro. La vida es mucho más divertida y generosa cuando la vives teniendo en cuenta estos principios.

LO QUE TIENES

PRIMERA PARTE

CAPÍTULO UNO

DENTRO DE TI

TODO EL MUNDO cree que para tener éxito debes poseer ciertas ventajas: conocer a las personas apropiadas, estudiar en las mejores universidades, ser miembro de determinados clubes y tener un aspecto determinado. Sin embargo, yo os digo que una persona puede utilizar lo que tiene para conseguir lo que quiere.

Mi vida ha sido extraordinariamente diversa. Me crié en el seno de una familia tradicional china en Hong Kong y pertenecía al escalafón más bajo: era la segunda hija a quien rápidamente siguieron tres hermanos. Mi infancia fue la típica letanía de abusos y desatención. Si hiciéramos caso a lo que dice todo el mundo, yo debería ser una auténtica fracasada que lucha por obtener algo de autoestima y libra una batalla perdida para ganarse el afecto de unos padres que nunca estuvieron dispuestos a darme el reconocimiento que yo tanto anhelaba.

Aun así, he conseguido destacar como ejecutiva en el mundo de los negocios en el ámbito internacional, y me he convertido en una influyente líder empresarial, conferenciante, asesora, escritora y filántropa.

Según el saber popular, yo carecía de las ventajas necesarias para llegar a lo más alto. En vez de tener contactos o de codearme con gente influyente, crecí en un país extranjero donde el inglés no era mi lengua materna. En vez de estudiar en las mejores universidades, fui a una universidad pública. En vez de pertenecer al mundo de los hombres, soy una mujer.

Esta es la lección: si yo he podido utilizar lo que tengo para conseguir lo que he querido, tú también puedes hacerlo. Soy consciente de que esto no es lo que piensan los psicólogos, los filósofos y trabajadores sociales, pero creo que los desafíos de mi infancia, toda la miseria, soledad y dolor, son los responsables de mi éxito. Cuando estaba a punto de comenzar mi futuro, y observaba el terreno virgen de mi carrera, lo que aprendí en mi infancia era lo único que tenía.

Mi vida me ha demostrado que esos conocimientos eran suficientes.

Simplemente el hecho de aguantar a mi familia me proporcionó las habilidades y el conocimiento interno que guiaron mi carrera y mi éxito en la vida. A partir de esa base inicial, fui avanzando aprendiendo de mis errores, de mis numerosos maestros y con la ayuda del Espíritu.

Lo que *hice* fue...

- **Escuchar** a mi voz interior y confiar en ella.

- **Imaginar** lo que quería.

- **Planificar** y **anticipar** los desafíos.

- **Aprender** y **practicar** las habilidades necesarias para llevar a cabo mi visión.

- **Avanzar con confianza** a medida que se desarrolla la situación.

- **Probar continuamente** distintas formas de alcanzar mis objetivos hasta llegar al éxito.

Aprendí que lo que está en el interior de cada uno de nosotros es lo suficientemente poderoso como para ayudarnos a conseguir todo lo que nos propongamos.

YA ESTÁS BIEN COMO ESTÁS

En estos momentos, ya eres bueno. No tienes que esperar a nada, a nadie, ni a ninguna situación concreta antes de empezar a realizar cambios positivos en tu vida. No tienes que esperar a encontrar un nuevo trabajo, a perder 8 kilos, a mudarte a una nueva casa, a salir con otra persona, a que una situación existente mejore, o a aferrarte a cualquier otra razón. El tiempo y el momento para empezar a trabajar hacia tus objetivos son el aquí y el ahora.

CREE EN TI Y EN LOS DATOS QUE INDICAN QUE ERES BUENO

Piensa que puedes, piensa que no puedes;
tendrás razón en ambos casos.

HENRY FORD

Mi familia estaba desolada cuando yo nací. Ya tenían una hija y querían desesperadamente tener un hijo. Cuando poco después nació mi hermano pequeño, y después de él dos niños más, me convertí en una persona totalmente superflua. Mis hermanos, sin querer, perpetuaron esa situación en la que yo era una niña pesada e innecesaria. Como resultado de ello, me ignoraban o me castigaban por motivos que básicamente no tenían nada que ver conmigo.

Era una situación con un enorme potencial de ser un campo de pruebas para que me desenvolviera en la vida como una víctima insegura. Si las cosas hubieran sido distintas, habría caído fácilmente en ese papel sin darme cuenta. Pero yo tenía un arma secreta: mi abuelo, Ah Yeh. Esa chispa que le hacía creer en mí me dio una sensación de valía que me mantuvo íntegra cuando los otros dudaban de mí.

Mi abuelo Ah Yeh me dio el nombre chino de Hay Lit. Hay y Lit fueron los nombres de dos emperadores chinos; uno era conocido por su intelecto y sabiduría, y el otro por sus habilidades en materia de estrategia militar. Era un nombre muy inusual para una niña china, pero me infundió un voto permanente de confianza procedente de un hombre al que admiraba profundamente.

No llegué a pasar mucho tiempo con mi abuelo. Murió cuando yo tenía unos siete años. En vida, sólo pude verle unas cuantas veces al año. Pero ese nombre tan poderoso que me había dado me hizo pensar que él realmente creía que yo era una persona fuerte y alguien muy especial.

Ese pequeño refugio de esperanza e inspiración me mantuvo serena cuando el mundo que me rodeaba me decía lo contrario. Ese refugio de esperanza y mi conocimiento interno siempre me mantuvo activa y me infundió esperanza cuando ni siquiera sabía cómo iba a superar una situación concreta.

Tú puedes hacer lo mismo aferrándote a cualquier momento de tu vida en el que obtuviste la aprobación o el apoyo de alguien que creía en ti. Sumérgete en esa sensación de aceptación. Deja que cale tus huesos. Acarícialo cuando te enfrentes al mundo. Descubrirás que tus interacciones son mucho más satisfactorias cuando cuentas con esa confianza y autoestima.

CONFÍA EN ALGO MÁS GRANDE QUE TÚ

A lo largo de los siglos, las personas han tratado de descubrir el significado de la vida. Numerosas religiones, filosofías y libros se dedican a dar respuesta a esa eterna pregunta: ¿Cuál es el significado de la vida? ¿Llegamos a este mundo de la nada para pasar una serie de años, y luego desaparecemos para siempre? ¿Eso es todo? ¿Son esos 60, 70, 80 o 90 años que pasamos en el planeta Tierra lo único que nos espera? ¿Qué debemos hacer aquí?

Empecé a descubrir el significado de la vida durante mi

infancia. Descubrí que había algo más poderoso de lo que podía ver a simple vista. Descubrí un poder y un alivio en una fuente más profunda de la realidad cotidiana. Encontré el poder del Espíritu.

De niña valoraba enormemente el tiempo que pasaba sola, y pasaba gran parte de ese tiempo subida a los árboles, donde nadie pudiera encontrarme. En los árboles percibía una sensación de calma y seguridad, algo que para mí era más importante que la seguridad física. Sentía la presencia de un poder más inmenso de lo que mis ojos podían apreciar.

Este poder, al que yo llamo Espíritu (y otros lo llamarán Dios o Energía Universal), era algo que me alimentaba. Tenía la sensación de que alguien se estaba ocupando de mí y de que había un plan para mi vida mucho más grande de lo que en ese momento podía imaginar. Sentía que alguien se estaba ocupando de todo y que si yo me esforzaba al máximo, podía confiar en que, de algún modo, todo acabaría para bien.

Este conocimiento interno me proporcionó un gran alivio y valor para asumir ciertos riesgos que me permitirían avanzar. Esta certeza interna de mi relación con un poder superior me reconfortaba cuando las circunstancias externas parecían negativas o insoportables.

Es posible que el concepto de Espíritu signifique cosas distintas para ti y para mí. La clave para acceder a esa sensación de paz y sabiduría es confiar en que formas parte de algo mucho mayor. No eres un trozo de corcho que flota sobre aguas agitadas. Hay una razón por la cual estás en la tierra, y tienes una misión y propósito. Eres único y posees un regalo para el mundo que sólo tú puedes aportar. Tal como dijo la célebre bailarina Martha Graham:

Existe una vitalidad, una fuerza vital, una energía, un movimiento que se traduce en acción a través de ti, y puesto que sólo existe un único tú, esta expresión es única. Si la bloqueas, nunca existirá en ningún otro medio y se perderá.

Estás aquí por algún motivo. Tienes un regalo único que ofrecer al mundo. Cuando descubras tus talentos especiales y los lleves a cabo, tanto si ese talento significa ser el mejor carpintero, contable, cantante, madre o físico nuclear que puedas, tendrás una sensación de paz interior. Sentirás que has descubierto la razón por la cual existes. Es probable que tengas varios talentos y elijas seguir uno o una combinación de todos ellos. ¡Qué aventura tan emocionante!

SIGUE TU PASIÓN

Descubrí la pasión y misión de mi vida cuando estaba en quinto curso. Fue mi primera experiencia directa de las desigualdades de la vida. Descubrí que toda la familia de mi amiga Rebecca vivía en una habitación alquilada. Era lo único que podían permitirse. Su familia compartía el cuarto de baño con otra familia, y la cocina con otras dos familias. Esa injusticia me... ... vivía en una cómoda vivienda... ... compartía un enor... ... la familia... ... metros ... senta- ... iteras ... gnifica- ... damente afectada por esa desigualdad. Ella no era distinta de nosotros, pero su situación familiar era muy penosa. ¿Por qué algunas personas eran tan ricas y otras pasaban tantos aprietos para sobrevivir?

Esa historia no era de un artículo del *National Geographic* ni una crónica lejana sobre personas sin nombres. Se trataba de alguien a quien veía a diario y con quien compartía experiencias, aunque vivía en un mundo muy distinto al mío. Eso me sirvió de inspiración para tratar de ayudar a personas como Rebecca y su familia en todo el mundo. Estaba decidida a ayudar a otras personas desdichadas para que sobrevivieran y salieran de esa desgracia. Sentía de forma intuitiva que toda persona tenía un valor, y estaba dispuesta a demostrarlo.

Cuando al principio informé a mi familia de que me iría a trabajar a África como antropóloga y ayudar a los africanos a crear una sociedad próspera para que pudieran vivir de un modo más saludable y feliz, me hicieron quedar en ridículo. «¿Qué vas a hacer? ¿Llegar allí y construir orinales?» me decían riéndose de mí [VERDAD]. Yo me mordí la lengua y continué trabajando para conseguir mi sueño. Aunque costó más tiempo del que había imaginado, al final tuve la oportunidad de trabajar con el proyecto Habitat II de Naciones Unidas para crear asentamientos humanos sostenibles en todo el mundo.

Estoy de acuerdo con George Bernard Shaw, quien afirmó:

> *La gente siempre culpa a sus circunstancias por lo que son. Yo no creo en las circunstancias. Las personas que prosperan en este mundo son las que se levantan y buscan las circunstancias que desean, y si no pueden encontrarlas, las crean.*

Tú conoces tus pasiones. A veces están enterradas muy hondo porque creías que no merecías seguirlas, o porque alguien en quien confiabas te comentó que no eran realistas o que tú no valías. Pero si accedes a tus recursos internos y escuchas lo que realmente tu corazón te pide que hagas, siempre podrás encontrar la manera de materializar esas pasiones. Ya tienes lo que necesitas. Lo que tienes es lo único que necesitas.

SIGUE TU PASIÓN Y SÉ FLEXIBLE

Cuando encuentres tu pasión, síguela. Pero presta atención a los mensajes que recibes. Linus Torvalds, el creador de Linux, el sistema operativo que tanto éxito ha obtenido, creó Linux a raíz de su pasión personal para mejorar los sistemas operativos existentes.

Sin embargo, Linus no tenía una idea fija sobre cómo iba a ser el nuevo sistema. De hecho, ofreció libremente su trabajo en internet, de modo que otros investigadores pudieran añadir su información y modificar su creación [SOCIO]. Esta iniciativa dio como resultado un sistema que evoluciona constantemente y es utilizado por millones de personas en el mundo. Actualmente, Linux sigue creciendo y desarrollándose, y Linus es toda una leyenda en el mundo de la informática.

En el libro de Torvalds, *Just For Fun, The Story of An Accidental Revolutionary*, explica cómo su pasión le absorbía tanto que no le importaba nada más. Comer, dormir y las interacciones sociales se convirtieron en algo secundario. Trabajó diligentemente durante varios años para desarrollar el sistema y también se benefició de los conoci-

Dentro de ti

mientos y la experiencia de otras personas. Al final tuvo éxito, y entretanto logró una fama y una fortuna que superaron sus sueños más descabellados.

Torvalds siguió su pasión pero permaneció flexible y abierto. Es la mejor manera de hacer realidad tus sueños.

Puntos de acción

Básate en estos aspectos interiores para conseguir lo que quieres:

1. **Eres lo suficientemente bueno en estos momentos.**

2. **Cree en ti y cíñete a las evidencias de que eres bueno.**

3. **Confía en algo más grande que tú.**

4. **Sigue tu pasión.**

5. **Persigue tu pasión y sé flexible.**

Cómo ves, no tienes que conformarte con el saber popular para conseguir lo que deseas. Muchas personas que han tenido éxito en la vida han llegado muy lejos con menos.

CAPÍTULO DOS

EN TU CAMPO

ANTES DE PODER UTILIZAR lo que tienes para conseguir lo que deseas, ¡debes *saber* lo que tienes! El mundo de los negocios está lleno de personas que buscan algo: una nueva idea brillante, un plan de marketing infalible, el juguete que todos los niños quieran tener o un aparato sin el que un adulto no pueda vivir. Buscan con tanto afán el oro al final del arco iris que a menudo no ven los diamantes que brillan en sus manos.

Cuando estás tan decidido a conseguir lo que quieres, ¡es sumamente fácil menospreciar los bienes que ya tienes!

LA DEMOGRAFÍA CORRECTA, LA IDEA EQUIVOCADA

Cuando dos amigos y yo desarrollamos la misión y la estrategia para crear Wasabi, una empresa *business to consumer* (B2C) en internet, teníamos una vaga idea del negocio, y gracias al proceso de determinar lo que queríamos, refinamos el concepto hasta convertirlo en una empresa nueva y brillante.

En septiembre de 1998, poco antes del apogeo de la manía B2C, mis amigos Roger y Jeremy decidieron vender por internet cosméticos respetuosos con el medio ambiente. Puesto que yo había trabajado tres años en Aveda Corporation, la empresa más importante de cosméticos con conciencia social y medioambiental de Estados Unidos, por no decir de todo el mundo, Roger acudió a mí para pedirme consejo.

La mejor forma de obtener la respuesta acertada es formular las preguntas oportunas. De modo que me formulé muchas preguntas, y descubrí que lo que Roger y Jeremy querían era ofrecer a la población con conciencia medioambiental unas alternativas de bajo coste a los cosméticos y productos de salud existentes en el mercado. Ellos tenían pasión, algunas de las habilidades que necesitaban para el negocio, conocimiento del medio en el que iban a trabajar, conexiones con los posibles proveedores, y posibles fuentes de financiación. Era un buen comienzo.

Sin embargo, les faltaba una comprensión del mercado al que debían dirigirse, la disponibilidad real y el precio de los productos, así como el tamaño potencial del mercado. Sólo les faltaban tres cosas, pero eran muy importantes. Sin un conocimiento básico y real sobre el mundo de los negocios, la idea más inspirada puede fracasar.

Después de que asesorara cuidadosamente su plan de negocio, hice hincapié en el hecho de que la idea de Roger y Jeremy debía superar varios inconvenientes para ser viable. En primer lugar estaba la oposición. Incluso hoy en día, unos cuantos grandes conglomerados de salud y belleza dominan actualmente el negocio de la cosmética. Sus principales canales de distribución para productos de lujo son los grandes almacenes. Los cosméticos baratos se venden principalmente en supermercados.

· Como resultado de ello, sabíamos que sería muy difícil para Roger y Jeremy entrar en un mercado tan controlado. Los canales de distribución existentes tendrían grandes incentivos —y el poder adquisitivo— para mantener el statu quo. Estarían decididos a conservar sus posiciones en el mercado y sus amplios márgenes. Harían todo lo posible para que a los conglomerados del sector cosmético les fuera difícil vender sus productos a cualquier empresa nueva de internet, y menos aún a una que tenía previsto hacer un descuento en los productos.

Los conglomerados cosméticos también tendrían poco interés en vender a una compañía nueva que pensaba hacer un descuento en sus productos y poner en peligro su imagen y sus márgenes de beneficios.

Lo que Roger y Jeremy tenían como elemento positivo era su enfoque demográfico. Un gran porcentaje de la población estadounidense anhelaba alternativas al mercado existente. Estas personas estaban interesadas en saber cómo se fabricaban esos productos, de qué estaban hechos y qué efectos provocaba su uso en el cuerpo. Y al mismo tiempo, también querían comprar esos productos a un precio justo.

Estas son las personas a las que el científico e investigador Paul Ray calificó de «creativos culturales». Según Ray, el 25 por ciento de la población estadounidense comparte estos rasgos: tienen formación, están interesados en su salud, en causas sociales y medioambientales, tienen una renta algo superior a la media y sienten una sed insaciable de información: información acerca de lo que comen, beben, visten, conducen, acerca del lugar donde pasan las vacaciones, la arquitectura y la decoración. En definitiva, eran el segmento de población ideal para Roger y Jeremy, los clientes a quienes se dirigían sus productos.

Fue el mejor sector demográfico imaginable. Les recomendé a Roger y a Jeremy que abandonaran su idea de competir con las grandes empresas de cosméticos y encontraran la forma de satisfacer las necesidades de ese sector demográfico. [VERDAD.] La redefinición de su misión era también la mía: ayudar a crear una mayor armonía entre las personas y el planeta. Después de varias reuniones y debates, acepté unirme a su equipo en calidad de consejera delegada y trabajar en el desarrollo de nuestro sueño común.

Una vez decidimos dirigirnos a los creativos culturales, realizamos una tormenta de ideas. Puesto que queríamos que cada aspecto de nuestra empresa fuera el de una compañía responsable del siglo XXI, se nos ocurrió el nombre de Wasabi. Era un nombre ligeramente exótico, novedoso (tanto por su gusto como por la demanda), y verde (medio ambiente). Pensamos que la compañía debía ofrecer flexibilidad horaria, la posibilidad de trabajar desde casa y otras varias formas creativas de sacar el máximo rendimiento del valor de los empleados y de la compañía.

Decidimos que la empresa sería un portal en internet para los creativos culturales —algo parecido a lo que hacía AOL o Yahoo—, en el que ofreceríamos un sitio web especializado donde esas personas encontrarían la información, el ocio, los productos, los servicios y la comunidad con la que se sienten afines.

Contactamos con empresas que ya servían a este grupo: el catálogo Harmony, Aveda Corporation, *Utne Reader*, así como una serie de revistas sobre salud y *fitness* y otras organizaciones con objetivos compatibles. Era un momento emocionante de cambios rápidos.

Enseguida descubrimos que varios otros grupos también estaban planeando conceptos parecidos. Decidimos asociarnos con ellos para que existiera un único portal con la masa crítica para ser el líder del mercado. Nuestro objetivo era ser ese portal.

Nuestro peor problema radicaba en tener y distribuir los productos. Nos acordamos de Amazon.com cuando lanzaron su negocio y tuvieron que ir corriendo a comprar los libros para cumplir con los pedidos [ERRORES]. Aprendimos de su experiencia y queríamos encontrar al socio apropiado para que se ocupara de la distribución, de modo que no repitiéramos los errores de los inicios de Amazon.com.

Contacté rápidamente con un antiguo colega de trabajo que en ese momento era el presidente de Gaiam, la casa madre del catálogo Harmony. El catálogo Harmony tenía el sistema de cumplimiento de pedidos y distribución de la mayoría de los productos que teníamos previsto ofertar. Habría sido mucho más eficaz asociarnos con ellos en vez de iniciar un nuevo sistema nosotros solos. Descubrimos que Gaiam también estaba desarrollando un concepto muy parecido al nuestro.

En nuestras conversaciones sobre cómo colaborarían ambas compañías, se nos ocurrió una idea totalmente distinta. Estábamos tan pendientes de encontrar oro al final del arco iris, que no habríamos visto los diamantes que teníamos en nuestras manos. Pero cuando nos fijamos en lo que teníamos, nos dimos cuenta de que podríamos obtener mejores resultados fusionando ambas compañías, en

En tu campo

vez de colaborar como dos entidades independientes. [SO-CIO]. Era una situación en la que los dos saldríamos ganando. Jeremy y Rogers se ocuparían del desarrollo creativo, y yo estaría libre para pasar a otro nuevo proyecto igual de emocionante: una nueva empresa de *software* ubicada en internet dirigida a otras empresas: Fasturn.

Como veis, lo que tienes es lo que al final determina las decisiones que tomas y las acciones que adoptas.

GRANDES CLIENTES, MALOS PRODUCTOS

En algunas ocasiones, es probable que debas fijarte atentamente en lo que tienes porque está muy bien escondido detrás de tu orgullo. Esta fue una lección difícil que tuve que aprender en mi primer empleo como jefa de compras de ropa interior, ropa y calzado de los grandes almacenes May Company en California.

Yo era joven, y estaba ansiosa por dejar mi huella en el mundo. Ocupé el lugar de un comprador que se jubilaba después de trabajar veinticinco años en ese puesto. Recién ascendida de mi anterior cargo como adjunta de compras en el departamento de ropa deportiva juvenil para chicas, yo creía que era moderna y que me tomaba la moda muy en serio. De modo que imaginaos la desagradable sorpresa que me llevé cuando me di cuenta de que los zapatos que mejor se vendían eran unas sandalias de cuero sintético (plástico) con plataforma de goma que se etiquetaban con un trozo de plástico a un precio de entre 19,99 a 24 dólares. Estos zapatos se vendían tan bien que el negocio de mi departamento crecía saludablemente al ritmo de dos dígitos al mes. Y esos eran también los zapatos de los que las ancianas se quejaban por los juanetes que les producían. Yo estaba perpleja. Definitivamente, no estaba a gusto con mis productos.

Tuve que tragarme el orgullo y no dejarme influenciar por el hecho de que yo sabía que esos zapatos eran feos y baratos. Mis clientas sabían lo que les gustaba, yo no. Mi trabajo consistía en adivinar sus gustos, por qué les gustaba, y comprarlo por ellas. Tuve que fijarme en esos productos que a mí me resultaban tan desagradables, y preguntarme por qué gustaban tanto a mis clientas.

Cuando me pregunte qué tenía, me di cuenta de que al margen de si me gustaban esos zapatos o no, contaba con una enorme base de negocio con unas clientas estables que frecuentaban el departamento. La situación era un enorme potencial para construir un negocio mayor basado en las necesidades de mis clientes. Y con un análisis cuidadoso, podía actualizar los productos de modo que reflejaran una mayor calidad y sensibilidad por la moda.

Fue toda una revelación para mí. Estaba poniendo en práctica lo que Diana, mi exjefa, solía decirme: «No importa lo que vendas, siempre que sea ético y los clientes lo pidan. No tienes que identificarte personalmente con ello. La operación de venta es la misma tanto si vendes vestidos de moda o protectores de taza de váter».

No estaba vendiendo protectores para tazas de váter, pero evidentemente tampoco estaba vendiendo vestidos de moda. Simplemente vendía lo que los clientes pedían, y mi objetivo era incrementar ligeramente su gusto mientras conservaba la gama de precios que esos clientes querían pagar.

Cuando hube aceptado lo que tenía, me empapé de todo lo que mis clientes querían, qué les gustaba de los productos, qué consideraban una buena relación entre calidad y precio, qué otros productos les interesaban, cómo

En tu campo

querían la presentación de los productos, y de qué manera querían estar informados.

Trabajé con el personal de planta, con los equipos de atención al cliente por correo y por teléfono. Pasé algún tiempo en la planta de algunos de nuestros almacenes, comenté algunas cuestiones con los vendedores [SOCIO], y llevé a cabo una investigación de mercado para entender completamente qué querían nuestros clientes.

Averiguar toda la información sobre mis clientes y luego utilizarla para comprar y presentarles los productos fue una experiencia muy útil. En menos de un año, las ventas del departamento y los beneficios brutos crecían a un ritmo de dos dígitos al año. Y lo que era mejor (al menos para mi ego): la calidad y el estilo de los productos mejoraban mientras los precios no variaban. Yo estaba encantada. Y mi jefa también lo estaba. Me asignaron el cargo adicional de principal compradora de importaciones en mis categorías de productos para todo el May Department Stores Company de Estados Unidos.

Al utilizar lo que tenía, que era una base de clientes muy leales, desarrollarla y dar a esos clientes lo que querían [SOCIO], conseguí lo que anhelaba: un negocio cada vez más robusto con clientes felices y leales.

PRODUCTOS DE ALTA CALIDAD, COMPRADORES URBANITAS

A veces, no tienes una idea clara e inmediata de los activos que en realidad tienes. Es posible que debas deshacer el enredo de activos y pasivos para determinar con claridad lo que tienes, y luego continuar. Sólo sabiendo cuál es tu verdadera situación puedes avanzar con confianza hacia tus objetivos.

Como presidenta del departamento de textil y venta al detalle del grupo Reebok, fui la responsable de la división Ellesse, una compañía italiana de lujo que vende calzado, ropa para tenis y esquí. Las ventas del calzado habían subido mucho el año anterior, así que sentía cierta curiosidad por los productos cuando me pregunté: «¿Qué tienes, [VERDAD]?».

Lo que descubrí resultó ser bastante preocupante. En primer lugar, los zapatos que mejor se vendían carecían de una verdadera función atlética y no encajaban con las líneas de ropa, que era por lo que Ellesse era conocida.

Pero el mayor problema era la marca. Teníamos una marca buena, con una imagen de prestigio y una actitud de club de campo. Pero los adolescentes urbanitas compraban esas zapatillas. Nuestros clientes regulares de la parte de equipamiento para tenis y esquí no las compraban, aunque los jóvenes de la calle las consideraran nuevas y «guays».

También descubrí que mi nuevo subordinado, el director general de la división, no sacaba el mejor partido a dos de los activos más valiosos que teníamos. La mejor baza de marketing con la que contaba Ellesse eran Chris Evert, la estrella del tenis, y su marido, Andy Mill, el esquiador campeón olímpico norteamericano en descenso contrarreloj. Ellos dos apoyaban la marca en dos de nuestros deportes clave. El presidente de Ellesse utilizó el precioso tiempo que compartimos con Chris Evert para que le diera unas lecciones de tenis para mejorar su juego, en vez de utilizarla para promocionar nuestros productos. Tampoco utilizaba a Andy Mill en las promociones de marketing, y en cambio utilizaba ese tiempo para hacer vida social con la pareja.

En tu campo

He aquí un dilema. Teníamos productos que no reflejaban la imagen de zapatillas elegantes y modernas para jugar al tenis, esquiar o caminar. Vendíamos los productos a una base de clientes totalmente distinta de la planeada. Y no utilizábamos lo que teníamos: dos de los atletas más distinguidos para promocionar nuestros productos.

Aunque existía un enorme potencial para abastecer al mercado urbano juvenil, era una estrategia confusa y peligrosa para una compañía que se construyó sobre la base de una imagen de club de campo de prestigio. Era muy fácil perder a ese tipo de clientes si tratábamos de dirigirnos al voluble mercado juvenil y urbano. Además, no teníamos ni idea de lo que este mercado juvenil quería [ERROR]. Simplemente, había dado la casualidad de que fuimos objeto de una moda pasajera.

Así pues, tuve que tomar ciertas decisiones difíciles en muy poco tiempo. En primer lugar, tuve que sustituir al director general, y trabajar con el nuevo equipo que se centraría en el marketing dirigido a la imagen de la marca. Al trabajar con atletas, aprendimos a incluir más aspectos de rendimiento deportivo en las prendas y el calzado Ellesse. Diseñamos unos conjuntos de prendas y zapatos modernos y con estilo deportivo, y además contaban con los exquisitos detalles y las lujosas telas por las que Ellesse era conocida. Nuestra nueva campaña de marketing tuvo como protagonistas a Chris Evert y Andy Mill luciendo nuestra nueva colección [SOCIO]. Fuimos avanzando con la respiración contenida, confiando en que estábamos haciendo lo correcto. Aunque existía cierto grado de confusión, seguíamos dispuestos a asumir el riesgo de hacer lo que creíamos que era más estratégico a largo plazo con este negocio en ciernes.

Fue todo un alivio cuando nuestra base de clientes tradicional (el club de campo, los aficionados al tenis, y los esquiadores) empezaron a comprarnos más. Vendimos a más grandes almacenes que nunca. Y nos llevamos una grata sorpresa al descubrir que los jóvenes adquirían los conjuntos enteros.

Para obtener lo que quieres, primero debes saber lo que tienes. Algunas veces, lo que tienes estará ofuscado por tu orgullo, los datos contradictorios o las circunstancias temporales. Necesitas formularte las preguntas difíciles para poder abordar lo bueno y lo malo que sale a la luz cuando te enfrentas a la verdad. Lo bueno es que, a largo plazo, abordar la verdad siempre es mejor que esconderse en ella. Cuando sabes lo que tienes, puedes conseguir lo que quieres. ¿Qué tienes *tú*?

En tu campo

PUNTOS DE ACCIÓN

1. **Haz un repaso de tu situación actual.**

2. **Haz inventario de tus activos internos y externos.**

3. **Sé realista y permanece abierto a la verdad.**

4. **Asegúrate de que tus recursos se corresponden con tus objetivos.**

5. **Prepara una estrategia sobre tus puntos fuertes, y utilízalos.**

6. **Avanza hacia tus objetivos con enfoque y flexibilidad.**

LO QUE QUIERES

SEGUNDA PARTE

CAPÍTULO TRES

Encontrar tu misión

Si invocas lo que está en tu interior,
lo que obtengas te salvará.
Si no invocas lo que está en tu interior,
lo que no obtengas te destruirá.

Atribuido a Jesús
Evangelio gnóstico de Tomás

MUCHAS PERSONAS se pasan la vida trabajando y viviendo sin saber qué es lo más importante para ellos, y avanzan penosamente
en una vida basada en las expectativas de otras personas.
Han aceptado inconscientemente lo que han aprendido
de su familia y de su sociedad, quienes les dictan lo que

deberían hacer. No tienen en cuenta si los papeles que han asumido les proporcionan realmente alegría y paz interior. No miran en su interior para obtener respuestas, aunque perciban que hay algo insatisfactorio en su existencia. Avanzan por la vida esperando a que algo o alguien les diga por qué existen.

Otras personas están tan ocupadas «haciendo» algo que no se toman el tiempo necesario para reflexionar *por qué* hacen lo que hacen. No se detienen para preguntarse por qué su existencia no les llena, día tras día. Viven toda su vida sin formularse preguntas fundamentales como qué hay en su interior, cuál es su pasión y cuál es la razón de su existencia [VERDAD].

Sin dar respuesta a estas preguntas, la gente nunca descubre la razón de su existencia. Tienen muchas probabilidades de que un día miren atrás y se pregunten qué ha sido de todo su pasado.

TU VIDA: LA LÍNEA

Mi querido amigo Glenn es médico de emergencias y forma parte de la dirección médica de un hospital. A lo largo de los treinta años que ha ejercido de médico ha visto morir a muchas personas y a pacientes que estaban al borde de la muerte. Todo ello le ha dado una perspectiva interesante de nuestra actitud cultural hacia la vida y la muerte. Habla sobre cómo grabamos sobre piedra las fechas de nacimiento y muerte de una persona y las separamos con una línea entre medio que denote su vida y contribución a ella. Por ejemplo, todos sabemos a partir de una tumba que reza *Abraham Lincoln (1809-1865)* que Abraham Lincoln tenía 56 años cuando murió. Pero quizá no sepamos que mantuvo unidos a los Estados Unidos de América, literalmente, cuando el país pudo haberse dividido, que liberó a los esclavos, y que era un poderoso orador cuya visión y discursos conmovieron a toda una nación.

La raya simboliza nuestra vida entera: el tiempo del que disponemos para crear significado para nuestras familias, las comunidades, para nuestros países, el mundo, y para nosotros mismos. Somos los únicos responsables de lo que hacemos con nuestras vidas. Somos quienes, un día, miraremos atrás y decidiremos si nuestra vida fue feliz y si estamos orgullosos de haberla vivido. Al igual que Abraham Lincoln, no sabemos cuándo acabará nuestra vida, así que debemos formularnos esta pregunta ahora: «¿Cuál es el propósito de nuestra vida?». Para una persona o una compañía, la respuesta a esa pregunta determina la misión. La acción que adoptemos seguirá a la misión.

Abraham Lincoln tenía claro lo que quería hacer con su vida. Tenía una misión muy concreta y pasó todo lo que se encontró a lo largo de su vida a través de ese filtro. Murió de forma repentina y sin previo aviso, pero murió llevando a cabo su llamada interior, haciendo lo que podía para lograr su propósito vital.

Lincoln tenía un humilde origen agrícola, fue básicamente autodidacta, y venció su timidez para convertirse no sólo en presidente de Estados Unidos, sino en una figura clave de la historia universal. Sacó lo que había en su interior y alcanzó unas cotas de superación personal que nadie hubiera predicho conociendo sus orígenes. Cuando Lincoln encontró su llamada interna, trabajó incansablemente y con entusiasmo para conseguir su visión.

PUNTOS DE ACCIÓN

Para vivir una vida de la que te sientas orgulloso, debes conocer tu misión y seguirla. Si vives tu propósito, te sentirás satisfecho de que el tiempo que pasaste en la Tierra valió la pena.

1. **Determina qué es lo más importante para ti.**

2. **Estructura tu vida para conseguirlo.**

3. **Vive cada día como si fuera el último.**

¿CÓMO ENCUENTRAS TU MISIÓN?

Cuando piensas en la línea, el tiempo transcurrido entre tu vida y tu muerte, ¿qué quieres que diga sobre ti? Pregúntate qué es lo más importante para ti en vez de qué es lo más urgente. ¿Qué te aporta alegría y una sensación de satisfacción?

Estas son preguntas importantes que debes contestar para seguir avanzando en la vida. Algunas personas responden después de pasar un tiempo meditando o reflexionando. Otras personas responden a estas preguntas después de sufrir un grave accidente. Y otros encuentran la respuesta después de sufrir un descalabro emocional o económico. La clave para responder es preguntarte de forma honesta y valiente: ¿qué es lo que realmente te hace feliz? ¿Qué te aporta una paz interior? ¿[VERDAD]? Equipado con las respuestas a estas preguntas, podrás organizar tu vida para que esta te aporte paz y felicidad.

Yo descubrí mi misión cuando experimenté la injusticia a los once años de edad. En esa época descubrí que mi amiga y su familia eran tan pobres que vivían en una habitación alquilada. Me quedé muy sorprendida por las desigualdades de la vida, y decidí dedicar mi existencia a ayudar a los demás.

A partir de ese incidente definitorio, descubrí que la misión de mi vida era mejorar las cosas: resultar positiva para las personas y para el planeta. La idea de aplacar el sufrimiento y crear alegría y paz me aportaba felicidad y paz interior. Desde el momento en que reconocí mi misión, hice pasar toda decisión y acción importantes por el siguiente filtro: ¿cumple esto mi misión? ¿Hay una forma de hacer esto que sirva a un bien mayor?

Ese filtro me permitía tomar decisiones con facilidad, y yo me sentía cómoda sabiendo que, independientemente del desenlace, estaba siguiendo la dirección correcta. Al ser sincera con la misión de mi vida, estaba escuchando a mi guía interior y haciendo lo que en última instancia me aportaba paz y felicidad.

Encontrar tu misión

TU MISIÓN EN LA VIDA ES EL POLO NORTE DE TU BRÚJULA PERSONAL. UTILÍZALA PARA QUE TE GUÍE EN LAS DECISIONES QUE TOMES A LO LARGO DE TU VIDA.

He escrito mi vida en pequeños esbozos,
un poco hoy, un poco ayer...
Miro atrás en la vida y la considero un buen trabajo,
se hizo y me siento satisfecha con ello.
Saqué lo máximo que pude de lo que la vida me ofreció.

ANNA MARY ROBERTSON.
ALIAS ABUELA MOSES (1860-1961)

La abuela Moses empezó a pintar a los setenta años, a partir de que su artritis le impidiera continuar con sus queridas labores de ganchillo. Empezó a dedicarse a la pintura como otra actividad artística y fue descubierta por el mundo artístico cuando la anciana se acercaba a los ochenta años. Disfrutó de sus últimos veinte años de su vida como una pintora respetada y bien recompensada.

Tanto si se trataba del ganchillo o de la pintura, la abuela Moses descubrió lo que le hacía feliz: crear una belleza que pudiera compartir con los demás. La fama y la fortuna que reunió a raíz de su arte fue maravillosa, pero en primer lugar, ella sentía el deseo y la misión de crear arte y compartir esa belleza.

La anciana cumplía con su llamada interna y hacía lo que le aportaba satisfacción personal, nadie le había dicho qué le haría feliz y rica. Utilizó la pintura como modo de expresar su misión, para compartir la belleza que veía en el mundo. Pintar era simplemente la forma en que expresaba su misión. No era la misión en sí misma.

CÓMO EXPRESAR TU MISIÓN PUEDE CAMBIAR
CON EL PASO DEL TIEMPO Y LAS CIRCUNSTANCIAS,
PERO LA CLAVE ES PERMANECER CENTRADO EN LA MISIÓN,
NO EN LA FORMA DE MANIFESTARLA.

Según sus propias palabras, la abuela Moses sacó lo mejor de lo que la vida le ofreció. Utilizó lo que tenía para conseguir lo que quería: compartir su gusto por las maravillas de la vida campestre. Primero lo hizo con el ganchillo, luego, cuando ya no pudo seguir con ello, se pasó a la pintura. Se sentía satisfecha con lo que hizo en su vida (con la raya entre las dos fechas). Vivió su misión.

OBSERVA TU VIDA Y FÍJATE DE QUÉ ACTIVOS Y PASIONES
DISPONES. PRIMERO CAPITALÍZALOS PARA TU PROPIA
SATISFACCIÓN PERSONAL. ENTRETANTO,
TAMBIÉN ENRIQUECERÁS AL MUNDO.

Cuando empecé a trabajar como becaria en la oficina del gobernador del estado de Oregón, mi jefe Gary era un hombre brillante y había obtenido varios doctorados. Un día, mientras tomábamos un almuerzo informal (algo poco frecuente), me contó una historia sobre su vida que jamás olvidaré. Me explicó que cuando estudiaba en la universidad, trabajaba en un laboratorio fotográfico para pagarse los estudios. El trabajo era tan pesado y monótono que solía permanecer despierto contando cuántas fotos tenía que procesar para pagarse una barra de pan, un cartón de leche, un paquete de papel de váter, etcétera. Cuando no se dedicaba a contar estas cosas, contaba las horas que le quedaban para terminar su turno. Evidentemente, el trabajo no le salía muy bien.

Sin embargo, mientras trabajamos juntos en la oficina del gobernador, Gary estaba tan enfrascado en su trabajo que apenas prestaba atención al tiempo. Normalmente llegaba al despacho antes de las siete de la mañana y se quedaba hasta la noche. La diferencia era que en ese trabajo Gary ayudaba a crear un sistema de energía cerrado para el estado de Oregón. Era una magnífica idea que prometía cambiar el modo en que todo el estado utilizaría energía. También tenía el potencial de cambiar el mundo. Y a Gary le encantaba. Sentía tanta pasión, que de hecho siempre me motivaba para trabajar más y mejor. Trabajar con él fue una experiencia emocionante y motivadora.

A menudo he pensado en su historia de la monotonía y el aburrimiento que sentía en el cuarto oscuro, contando

Encontrar tu misión

cada penique que ganaba para sobrevivir. El contraste con su trabajo en la oficina del gobernador pone en relieve el hecho de que sólo puedes hacer un buen trabajo cuando realizas lo que es importante para ti. Nunca avanzarás en algo si no te importa.

Por eso es tan importante descubrir qué quieres hacer. Cuando tu misión se corresponde con lo que realmente quieres hacer, estás abriendo las puertas a la grandeza.

Personalmente, me encanta trabajar en un cuarto oscuro. Recuerdo gratamente las horas que pasé con mi hermano siendo una niña de doce años, y también años después en la universidad, experimentando y procesando películas. A mi hermano le gustaba tanto ese trabajo que acabó por dedicarse a la fotografía profesional.

> NO ES LA LABOR, SINO TU ACTITUD HACIA ELLA
> LO QUE LA CONVIERTE EN IMPORTANTE.
> CONOCER TU MISIÓN Y SEGUIRLA SIGNIFICA
> QUE DISFRUTARÁS CON LO QUE HAGAS.

UNA RATONERA MEJOR

A menudo, la gente empieza a desarrollar un negocio o un proyecto a partir de alguna idea, habilidad o activo del que disponen. Sin embargo, se olvidan de preguntar lo más importante: ¿creo en ello? ¿Encaja este proyecto conmigo? Encontrar *tu objetivo último y tu misión* [VERDAD] ofrece más opciones para encontrar una forma de cumplir tu misión. Es fácil dejarse llevar por lo que parece conveniente o evidente. Yo era muy buena en matemáticas cuando iba a la escuela. Estaba ya preparada para estudiar matemáticas de nivel universitario cuando iba al instituto.

Pese al estereotipo cultural de que los asiáticos son buenos en ciencias, sentí que debía hacer un esfuerzo por saber lo que yo realmente quería, en vez de hacer lo que todos esperaban de mí. Mi familia y profesores me alentaban a seguir la ruta académica de ciencias. [ERROR]. Pero mi corazón estaba en ayudar a las personas y en marcar la diferencia, no en trabajar con números y convertirme en una contable o química. Tuve que arriesgarme a tener su desaprobación con mi falta de conformidad [ESPADA] si trataba de seguir mi sueño de trabajar para la Organización Mundial de la Salud. Para responder certeramente a mi llamada, tenía que hacer algo más de lo que me estaban programando.

¿Cómo saber, o tener la fuerza para saber, cuál es el sendero menor hollado? En mi caso, lo supe desde muy pequeña, porque dependía de mí misma si quería sobrevivir. Crecer en un ambiente hostil con escasa ayuda te permite escuchar a tu guía interior. Había encontrado ayuda siempre que pudiera buscarla, en vez de esperar a que alguien me tendiera una mano. Puesto que no recibía ningún tipo de ayuda o asesoramiento de las personas que tenía a mi lado, dependía de los libros, de la naturaleza y del Espíritu para que me guiaran por el buen camino.

Mi infancia me enseñó a formularme preguntas clave en mi vida. En los negocios, me enseñó a cerciorarme de que mis proyectos fueran viables antes de embarcarme en ellos.

Mi padre estudió derecho. Él esperaba explicaciones claras y concisas sobre mis acciones. Esperaba que yo tuviera unos planes muy preparados y detallados antes de sumergirme en algún proyecto. Tanto si era un proyecto escolar o una salida en grupo, tenía que explicárselo con todo lujo de detalles para que estuviera contento. Aparte, como mi familia no me ofrecía ningún tipo de apoyo o consejo sobre mis proyectos, tenía que ser muy diligente para asegurarme de todos los detalles antes de tiempo. Esto implicaba formular preguntas y más preguntas para reducir el riesgo de fracaso, puesto que ese fracaso sería objeto de burla y ridículo.

Siempre que podía, me preguntaba: ¿esto encaja verdaderamente con mi misión? ¿A quién va a servir? ¿Existe un mercado grande para ello? [VERDAD]. ¿Estoy preparada para asumir riesgos? [ESPADA] ¿Cómo reunir los recursos necesarios para lograrlo? ¿Cómo obtener el apoyo necesario? [SOCIO]. ¿Cuánto tiempo va a llevar? ¿Qué ocurre si se tarda más? ¿Quién más está haciendo esto? Si nadie lo hace, ¿por qué no? [ERROR].

Os pondré un ejemplo de cómo estas preguntas funcionaron en una situación real en Wasabi, una empresa que cofundé y que vendí muy bien antes de lanzarla.

PREGUNTAS SOBRE LA MISIÓN DE WASABI

En septiembre de 1998, me reuní con dos amigos para hablar sobre la creación de un negocio para capitalizar nuestra pasión y nuestros recursos y difundir el mensaje social y medioambiental a través del creciente negocio en internet. Pasamos muchas horas y días comentando y probando conceptos que pudieran funcionar en el creciente negocio *business to consumer* (B2C) en internet. Decidimos formar la empresa, Wasabi, para servir a nuestro consumidor cuando llegáramos a lo que nosotros creíamos que sería una masa crítica.

Estas son el tipo de preguntas que formulamos a nuestra idea antes de continuar.

P: ¿Por qué queremos hacer esto [VERDAD]?

WASABI: Creemos en servir a los consumidores con conciencia social y medioambiental, y marcar la diferencia.

P: ¿Existe un nicho definido de mercado?

WASABI: Sí, los «creativos culturales».

P: ¿Es un mercado lo suficientemente grande como para justificar nuestro proyecto?

WASABI: Sí, más de un 25 por ciento de la población estadounidense.

P: ¿Hay otras empresas que lo hagan.

WASABI: En parte.

P: Si es una idea tan buena, ¿por qué otros no la han aplicado antes?

WASABI: No existía la tecnología necesaria.

P: ¿Hay otras empresas que piensen en ello?

WASABI: Probablemente.

P: ¿Quiénes son?

WASABI: Otros proveedores de servicios para los creativos culturales: *Yoga Journal, Utne Reader,* NPR, PBS, etcétera.

P: ¿Cómo competiremos con ellos?

WASABI: Necesitamos una masa crítica. Tenemos que desarrollarla dejando que ellos mismos la promocionen, ofrezcan productos y aporten contenido a nuestro portal. Hagámoslos parte del equipo. [SOCIO].

P: ¿De dónde sacamos la financiación para todo ello?

WASABI: Tenemos previsto pedir fondos a personas que conocemos: a los fundadores de Earthlink, Yahoo!, grandes compañías de telefonía, Estée Lauder, personas del sector del ocio, escritores y otros empresarios abiertos a la inversión.

P: ¿Qué nos falta?

WASABI: Una centralita y la distribución.

P: ¿Cómo haremos llegar los productos a los clientes?

WASABI: No tenemos que volver a inventar la rueda. Busquemos a un distribuidor que ya exista, como Gaiam's Harmony Catalogue, que cuenta con una excelente centralita y un amplio almacén y sistema de distribución.

P: ¿Tenemos lo que hace falta para tener una alta probabilidad de éxito?

WASABI: Sí. Nuestro personal operativo está en camino. Ya hemos reunido el contenido, los productos y el marketing. Tenemos la financiación y hemos creado una red de proveedores. ¡Estamos listos para empezar! [ESPADA].

Como ya sabéis por el capítulo dos, Wasabi funcionó tan bien que ni siquiera tuvimos que lanzarla. Vendimos antes de abrir las puertas. Y nuestro éxito no fue casual. Cuando te formulas las preguntas correctas, y las respondes, la fuerza de la misión gana claridad.

Puntos de acción

Formula preguntas difíciles para asegurarte de que el proyecto es viable antes de embarcarte en él. Aquí hay algunas para empezar, pero pronto descubrirás más.

1. ¿El proyecto se corresponde con mi misión?

2. ¿A quién va a servir?

3. ¿Existe una base sólida de clientes?

4. ¿Estoy preparado para lo que requiera de mí?

5. ¿Qué estoy dispuesto a arriesgar?

6. ¿Puedo lograr los recursos necesarios para llevar a cabo el proyecto?

7. ¿Puedo reunir el apoyo necesario?

8. ¿Cuánto tiempo va a tardar y qué pasa si tarda más?

9. ¿Hay otras empresas en ello? Si nadie lo hace, ¿por qué?

Encontrar tu misión

MISIÓN DE LA
FUNDACIÓN US

No siempre es posible empezar una empresa con éxito. Puedo aseguraros, por mi dolorosa experiencia personal, que en ocasiones las cosas no funcionan como te las imaginas. Yo estaba dispuesta a marcar una diferencia positiva en la vida desde que era pequeña. Aun así, fracasé miserablemente en mi primer intento de crear una fundación sin ánimo de lucro que marcara la diferencia. [ERROR.]

Un amigo me presentó a un hombre al que llamaremos Jim. Jim tuvo una experiencia en el umbral de la muerte que transformó su vida, y él también deseaba hacer una contribución al mundo como muestra de gratitud al estar vivo. Con nuestra pasión mutua, esa colaboración parecía natural. Puesto que me lo había presentado una persona respetable y él era un ciudadano apreciado en la comunidad, llegué a la reunión con una mente abierta.

Jim tenía grandes ideas. Quería crear una organización global sin ánimo de lucro que sirviera al diálogo entre líderes para fomentar la paz y el entendimiento mediante la creación de objetivos comunes para todas las naciones. Sería un mundo en el que, tal como comentó mi gran héroe Mahatma Gandhi, «habría suficiente para las necesidades de todo el mundo, pero no para la codicia de todo el mundo».

Jim puso el nombre de «Tolemac» a su sueño (Camelot escrito al revés). Su visión era tan inspiradora que rápidamente me quedé atrapada en la idea de marcar una diferencia en la vida de muchas personas. Era fácil creer en él porque yo compartía sus mismas ideas desde la infancia.

Jim quería crear este sueño a través de unas complicadas operaciones en futuros y de un sistema de comercio de acciones. Yo no estaba en lo más mínimo versada en el mundo de las inversiones. Me había pasado la vida creando bienes y servicios tangibles. Para mí, la bolsa era dominio de mi padre y mi hermano. Sabía que existía un mundo de abundancia donde se ganaba y perdía dinero con gran facilidad, pero sus mecanismos me parecían confusos y monótonos. Puesto que ésa era mi primera oportunidad de crear una organización no gubernamental y no tenía experiencia en ello, mi desempeño resultó del todo insuficiente; y como estaba entusiasmada, ignoré por completo todo lo aprendido sobre creación y organización de un negocio. Al ver el estilo de vida que llevaba Jim, supuse que sus inversiones en bolsa le habían ido bien. Juzgué a Jim de un modo superficial. Si me asaltó alguna duda, la silencié, y me recordaba cuán fuertemente resonaban sus palabras en mi alma, y también me acordé de que Jim estaba recomendado por una persona de buena reputación.

Con este análisis tan superficial, uní fuerzas con Jim para crear nuestro Camelot [ERROR]. Después de varios meses de señales alentadoras, firmé un cheque por una gran cantidad de dinero para financiar la fundación. Pero el dinero desapareció, y Jim no me atendía. Al final, acabó por confesar que su sistema y que gran parte de la inversión habían desaparecido. Siguió inventando más excusas diciendo que necesitaba más dinero y un poco más de tiempo para hacer funcionar el sistema.

Jim seguía contándome historias de magníficas posibilidades filantrópicas. Cada vez era más evidente que el sistema de Jim no funcionaba, y que probablemente mi dinero había ido a parar al estilo de vida que llevaba su familia. Gracias a Dios, me desperté a tiempo y dejé de financiar esa tomadura de pelo. No hubo forma de recupe-

Encontrar tu misión

rar ese dinero porque había ido a parar a una inversión inútil. Triste, pero más sabia, le deseé buena suerte, y me despedí de él y de mi dinero. Con el tiempo, Jim vendió su enorme mansión y se marchó de la ciudad.

Perder la oportunidad de llevar a cabo mi sueño de salvar al mundo fue todavía más doloroso que la pérdida de una cantidad significativa de dinero. Cuando me acuerdo de lo que pasó, me doy cuenta de que al permitir que el destello de mi sueño me cegara, no había logrado hacer lo que siempre había hecho en los negocios: formular las preguntas adecuadas en ese momento y decidir cómo continuar. Fue una lección difícil, pero nunca la olvidaré.

Después de reflexionar, decidí que la idea en sí era buena. Pero se había llevado a cabo mal. Volví a mi misión de crear más armonía y paz en el planeta y fundé una organización sin ánimo de lucro que tuviera unas bases más sólidas.

Esta vez, me formulé las preguntas difíciles [VERDAD]:

P: ¿Por qué quiero hacer esto?

R: Quiero marcar la diferencia.

P: ¿Existe un nicho de mercado definible?

R: Sí, un gran porcentaje de la población mundial sufre hambre y enfermedades. Carecen de educación y de otros derechos humanos básicos. El medio ambiente se degrada a diario.

P: ¿Existe un mercado lo suficientemente grande que justifique tu proyecto?

R: Sí, sólo deseo que no sea un mercado demasiado tan grande.

P: ¿Hay alguna empresa que ya lo haga?

R: Sí, gracias a Dios, y trato de colaborar con tantas empresas como pueda.

P: Si es una idea tan buena, ¿por qué no se ha hecho antes?

R: Hay muchas agencias y organizaciones que ya la están llevando a cabo. Yo ofrezco mi experiencia y mis contactos para atraerlos y ejercer mayor influencia.

P: ¿Hay otras personas que piensen en ello?

R: Probablemente.

P: ¿Quiénes son?

R: Otras personas y organizaciones que también ven el poder sinérgico de unir fuerzas.

P: ¿Cómo competirás con ellos?

R: Necesitamos una masa crítica. La acercaremos trabajando juntos, ofreciendo ideas y compartiendo contactos para que el proyecto prospere. Los convertiremos en parte del equipo. [SOCIO].

P: ¿Tienes el dinero para el proyecto?

R: Empezaré con dinero mío y también trabajaré con otras personas y organizaciones que tengan misiones parecidas. Tenemos previsto buscar financiación de personas y organizaciones que conocemos de otras agencias no gubernamentales, y a quienes conocemos de otras empresas, que desean dar algo a la comunidad.

P: ¿Qué os falta?

R: La designación de organización sin ánimo de lucro, con denominación 501-c 3.

P: ¿Cómo la conseguiréis?

R: No tenemos que reinventar la rueda. Uniremos fuerzas con una organización no gubernamental interesada en apoyar y actuar como patrocinadora de Us Foundation [SOCIO].

P: ¿Habéis llegado a una masa crítica para tener altas probabilidades de éxito?

R: Sí. Cuento con un nuevo socio ético que posee habilidades que a mí me faltan. Tengo un grupo diverso de voluntarios con talento. Hemos creado juntos la misión, la estrategia, los servicios y los contactos necesarios para que la idea prospere. Hemos conseguido financiación y contamos con una numerosa población que está ansiosa y necesitada de nuestros servicios. ¡Estamos listos para empezar! [ESPADA].

Cuando se responden estas preguntas importantes, la fuerza de la misión queda clara. Después de aprender la lección a raíz de la experiencia Tolemac, no me quedé solamente en la idea o en el concepto, sino que llevé a cabo un análisis diligente y práctico al que cualquier proyecto importante debe estar sometido. Esta vez, me sentí cómoda al llevar a cabo este estudio, sabiendo que estaba haciendo todo lo posible y que, si esta vez fracasaba, el proyecto habría valido la pena.

La Fundación Us se creó con la idea de que «sólo hay Nosotros, no Ellos». La idea era que todos estamos en este mismo planeta y tenemos que apoyarnos porque cada persona forma parte del mundo. Lo que ocurra en una parte afecta al resto.

Ahora, siete años después, la Fundación Us ha llegado a la vida de muchas personas en doce países. Somos miembros de la iniciativa Habitat II de Naciones Unidas, y hemos ayudado a crear más comprensión y armonía en las personas y en el planeta. Nuestro trabajo continúa.

PUNTOS DE ACCIÓN

1. Determinar qué es importante para ti.

2. Establecer tu sendero vital para cumplirlo.

3. Vivir cada día como si fuera el último.

4. La misión sigue igual: el modo de vivir tu misión puede cambiar.

5. No te alejes de tu misión por lo que sea más conveniente.

6. Asegúrate de que los proyectos son sólidos y viables antes de embarcarte en ellos.

7. Avanza con seguridad, sabiendo que estás haciendo todo lo posible y eso, en sí mismo, ya merece la pena.

Esta es la verdadera alegría de la vida,
el ser que se utiliza para un propósito reconocido por ti como algo poderoso;
el ser es una fuerza de la naturaleza en vez de un pequeño amasijo febril y egoísta de dolencias y penas quejándose de que el mundo no se dedica a hacerle feliz.

Soy de la opinión de que mi vida pertenece a toda la comunidad y, siempre que viva, es un privilegio hacer lo que pueda por ella.
Quiero acabar totalmente agotado cuando muera, porque cuanto más trabajo, más vivo.
Me alegro por la vida misma.
La vida no es una «breve velita» para mí.
Es una especie de espléndida antorcha que me sirve para vivir el momento, y yo quiero que arda lo más brillante posible antes de entregarla a futuras generaciones.

GEORGE BERNARD SHAW.
DE *MAN AND SUPERMAN*,
DEDICATORIA

CAPÍTULO CUATRO

SER FIEL A TU MISIÓN

¿CÓMO VIVIR TU MISIÓN?

UNA DE LAS INQUIETUDES MÁS HABITUA-
LES que siente la gente hacia la nueva misión
que descubren en su vida es cómo incorporarla a
su rutina cotidiana. ¿Tienen que cambiar completamente su vida, despedirse de su trabajo y empezar de nuevo?
La gente suele sentir miedo cuando empieza a reflexionar
sobre su verdadera llamada. Se preocupan por si tienen
que cambiar radicalmente su existencia. Este temor impide que mucha gente investigue el propósito de su vida.

En realidad, tu propósito vital te hará la vida más
fácil, más feliz y más plena, nada más y nada menos

[VERDAD]. Imagina que te dejas llevar por las corrientes del océano, sin tener ningún control de si vas a parar a una playa arenosa o te arrastrarán mar adentro sin nada a cientos de kilómetros a la redonda. Eso sería una vida sin misión. Tal como comentamos en el último capítulo, tu misión es el polo norte de tu brújula personal. Te indica el camino y te ayuda a navegar en el océano de la vida.

> *Quien tiene un por qué para vivir*
> *puede soportar cualquier cómo.*

NIETZSCHE

Cuando vivo y trabajo en armonía con mi misión, mi mente deja de dudar y de divagar. La vida parece ir sobre ruedas. Incluso cuando aparecen desafíos, parecen ser lecciones en mi camino en vez de barreras o advertencias para retroceder. Estoy contenta con lo que hago y me siento llena de energía y de paz.

¿QUIÉN?

Nunca me ha quedado muy claro cómo vivir mi misión. Cuando era más joven, pensé que únicamente existía una forma de alcanzar mi misión altruista: trabajando en la Organización Mundial de la Salud (OMS) en África. Todos mis estudios universitarios iban encaminados a prepararme para lo que yo creía que sería el trabajo de mi vida. Interpreté estrictamente mi misión de marcar una diferencia positiva en las personas y en el planeta tomándola como la descripción de un único puesto de trabajo.

Quedé del todo perpleja cuando descubrí, a punto de licenciarme, que la OMS pedía diez años de experiencia antes de contratar a alguien de mi campo.

Me hubiera ahorrado muchos disgustos si hubiese empezado a hacer lo que hago ahora por norma general: investigar a fondo una idea antes de comprometerme con ella. Una idea, por muy buena que sea, no es suficiente para que tú inviertas todas tus esperanzas y tus planes en ella. Debes asegurarte de que es viable y de que estás preparado para hacer lo que sea para llevarla a cabo.

El hecho de haber esperado tanto tiempo antes de analizar la carrera que pretendía seguir [ERROR] me hace reír en la actualidad, pero en esa época no estaba en absoluto preparada. La noticia me llevó a entrar en un estado de pánico. Pensé que la razón de mi ser había sido destruida. Puesto que me había centrado en una única forma de lograr mi misión, me sentí totalmente confundida y perdida. Afortunadamente, meses antes de graduarme, tuve algo de tiempo para pensar y formularme preguntas profundas: ¿por qué quería trabajar en la OMS a toda costa? ¿Qué quería realmente?

Poco a poco, la respuesta empezó a surgir de mi interior: quería ayudar a hacer cosas por el bien de la humanidad y el medio ambiente. Analizando la respuesta, poco a poco me di cuenta de que podía hacerlo allí donde me encontrase. No tenía que viajar a un país extranjero para ayudar; podía ayudar en cualquier parte del planeta. Con esa nueva revelación, decidí solicitar empleo allí donde mi formación y experiencia pudieran ser de ayuda.

En mi primera entrevista, en los grandes almacenes May Company Department Stores en California, encontré un empleo que ofrecía ascensos y primas basándose en los resultados y el mérito propio. El puesto me interesó de inmediato. La posibilidad de que fuera reconocida por mis logros, y que no me juzgaran por mi edad, mi figura, mi sexo, mi color o mi nacionalidad fue algo emocionante. Como había sido discriminada por todos esos factores, la oferta de trabajo me pareció un regalo caído del cielo. El concepto de hacerlo lo mejor posible y que me juzgaran únicamente por mi rendimiento fue del todo emocionante. Podía trabajar lo mejor posible y actuar en mi vida como quería que los demás actuasen.

Siempre he creído que todo el mundo debería ser aceptado según su interior y no por sus características físicas u otras influencias externas. Siempre considero a una persona buena, a menos que me demuestre lo contrario. Funcionar desde la perspectiva de que el mundo es un lugar servicial y lleno de esperanza hace que en la vida todo sea más fácil, mucho más que cuando era pesimista.

Mientras meditaba sobre mi decisión de aceptar la oferta de trabajo de May Department Stores, me sentí totalmente en paz conmigo misma. Había una organización cuya filosofía encajaba con la mía reconociendo, recompensando y promocionando a las personas por su rendimiento real, sin ningún tipo de prejuicio. Había recibido la señal para aceptar el reto y mudarme de Oregón al sur de California para llevar una vida que jamás había imaginado. En el fondo sabía que, allí donde me encontrara, siempre existiría la forma de vivir en concordancia con mis valores. [ESPADA].

Había dado un salto desde la creencia de que únicamente podía cumplir mi misión con un tipo concreto de trabajo, a la comprensión más profunda y útil de que podría desarrollar mi misión igual de bien en un empleo que se correspondiera con mis valores.

El May Department Store contrataba a personal según

un programa de discriminación positiva y participaba en servicios sociales a la comunidad. Consulté mi «filtro de misión» para asegurarme de que la misión de la empresa fuera compatible con la mía y que la compañía tuviera conciencia social. Tenía ganas de disponer de un foro para apoyar la expansión de esa conciencia social en nuestra vida cotidiana.

Me gustó el hecho de que podría tener una influencia en la cultura empresarial centrándome en la integridad y el servicio. Sentí que podría mejorar e inspirar a otras personas a tener un mayor grado de conciencia y responsabilidad social. Aunque no era una forma convencional de hacer el bien, yo estaba convencida de que toda interacción positiva provocaría una reacción en cadena.

A medida que ascendía en el mundo empresarial, para el que trabajé en 120 países, pude ser capaz de influenciar positivamente la vida de muchas personas. No plantaba cultivos en el Serengeti, pero ayudé a eliminar el trabajo infantil en la producción de balones de fútbol en Pakistán. No cavé pozos en Kenia, pero ayudé a establecer estándares de producción para la producción de ropa en todo el mundo. No eduqué a los niños de Zimbabwe, pero contribuí a fomentar la conciencia sobre los derechos humanos a nivel internacional en la junta de la Fundación Pro Derechos Humanos de Reebok. En retrospectiva, he tenido un impacto más constructivo al estar en el mundo de los negocios de lo que hubiera tenido trabajando para la OMS después de licenciarme.

Me di cuenta de que mi misión reside dentro de mí [VERDAD], no en un empleo concreto. Puedo seguir mi misión y marcar la diferencia haciéndolo todo con integridad. Puedo abordar toda tarea sabiendo que quiero convertir este mundo en un lugar mejor donde vivir. Si elijo trabajar con personas y empresas que tengan principios y misiones armónicas, puedo crear un cambio positivo en todo lo que haga. Utilizando mis habilidades para dirigir y actuar con conciencia social, puedo crear negocios y beneficios sociales al mismo tiempo.

El estado de ánimo de mis empleados se ve alimentado por la filosofía positiva de la empresa, la reputación de la compañía y sus ventas se incrementan por las acciones sociales beneficiosas, y la comunidad se enriquece por la participación activa de la compañía. Con el fin de mantenerte fiel a tu misión, debes trabajar con lo que tienes.

> TU MISIÓN DE VIDA ES TU GUÍA
> PARA MANTENERTE ALINEADO CON
> LO QUE TE APORTA PAZ Y DICHA.
> TUS CIRCUNSTANCAS U OBJETIVOS PUEDEN DIFERIR
> EN VARIOS MOMENTOS DE TU VIDA,
> PERO LA MISIÓN PERMANECE IGUAL.

Al imitar y disimular, me convertí en una parodia de mí mismo.
Debido a mi ignorancia, pensaba que yo era cuando pronunciaba mi nombre.
Como estaba henchido de mí mismo,
¿cómo podía conocerme?
Me vacié, y entonces me convertí en mí mismo.

RUMI, MÍSTICO Y POETA PERSA

CÓMO AMOLDARSE CUANDO LA SITUACIÓN CAMBIA

Aferrarse a tu misión cuando se produce un cambio de circunstancias puede ser una oportunidad para que tú y toda la organización os detengáis y evaluéis, penséis y crezcáis. Es una oportunidad para preguntar: ¿Cuál es la fuerza motriz que hay detrás de las actividades hacia las que tú y/o tu empresa os sentís atraídos?

Me enfrenté a este dilema después de ser la presidenta de la sección de productos de textil al por menor del grupo Reebok durante unos tres años. En seguida me di cuenta de que me sentía distinta cuando iba al trabajo. Ya no me despertaba con ganas y energía para ir a la oficina, como me ocurría antes. Siempre me había levantado pensando: «¡Qué bien que voy a trabajar!». Pero esa sensación había desaparecido.

También los compañeros de trabajo parecían distintos. Cada vez se centraban más en objetivos divergentes. Había menos cooperación y camaradería. La gente se «olvidaba» de informar a las otras divisiones acerca de proyectos o desarrollos innovadores en los que estaban trabajando. Circulaban rumores y chismorreos. En poco tiempo, ir a trabajar había comenzado a parecerse mucho más a una responsabilidad y un deber en vez de una recompensa y un privilegio. [ERROR.]

Al escuchar lo que mis sentimientos me decían, me tomé un tiempo para reflexionar sobre lo que había cambiado [VERDAD]. Todo empezó cuando se abrió un nuevo mercado prometedor en Estados Unidos de zapatillas con tacos, especialmente para jugar al fútbol y otros deportes. Anteriormente, estas zapatillas se vendían (en

Estados Unidos) a personas que se dedicaban a esos deportes. A diferencia de las zapatillas para jugar al baloncesto, al tenis o para correr, no había interés alguno por lucir zapatillas con tacos a diario. Y puesto que el mercado era limitado, Reebok nunca se interesó en desarrollar o vender zapatillas con tacos. Marcas europeas como Adidas o Puma ya contaban con un negocio internacional muy asentado de zapatillas para fútbol, pero Reebok nunca se interesó en ello.

Pero de repente, los estadounidenses empezaron a descubrir el fútbol. Jóvenes de ambos sexos formaban equipos de fútbol. Debido al potencial de una mayor venta de zapatillas, se convirtió en un mercado de entrada importante para Reebok. Pero la empresa tenía muy poca experiencia en este sector. Las normas y el modo generalmente aceptado de funcionamiento en este mercado eran mucho más confusas de lo que estábamos acostumbrados. Luchábamos por encontrar el modo de ser competitivos en un mercado donde el camino era incierto y el precio de entrada resultaba muy alto. Cada nueva zapatilla requería un molde, y puesto que Reebok jamás había producido zapatillas de fútbol, tendríamos que invertir en hacer moldes para cada modelo y tamaño. Era un compromiso caro y en cierto modo arriesgado, porque no sabíamos cuán grande iba a ser el mercado. Y tampoco sabíamos qué modelos se iban a vender, si es que llegaban a venderse.

La solución de la empresa fue contratar a alguien con experiencia en la industria de los tacos de metal. Era una solución evidente con la que yo estaba de acuerdo, salvo que el candidato que se quedó con el puesto tenía una dudosa reputación. Puesto que el hombre no compartía los escrupulosos estándares éticos y morales de la empresa, sus supuestos valores y acciones no estaban en sintonía con la misión de la empresa. Y yo era reacia a añadir un empleado de tan alto nivel que no compartiera los valores de la empresa. Me inquietaba que esa nueva persona acabara por dar al traste con nuestra cultura y gestión.

Tras muchos debates internos sobre la conveniencia de contratar a alguien que no cuadraba con la filosofía de la empresa, se contrató a esta persona [ERROR]. Me sentía incómoda con esta decisión. Desgraciadamente, mis peores temores se convirtieron en realidad. El espíritu de la empresa se estaba erosionando. La carga laboral era más exigente que nunca y la empresa iba moderadamente bien, aunque se estaba produciendo un cambio sutil en la estrategia y la misión. En vez de trabajar en estrecha colaboración entre las divisiones, un clima de competitividad y de imposición empezó a apoderarse de la compañía. Puesto que el clima cambiaba, se empezó a contratar a personal en otras divisiones que encajaba con los nuevos valores que se apoderaban de la ética de la empresa. Estos nuevos líderes preferían aumentar los volúmenes de venta y la expansión en zonas donde había cierto potencial de aplicar una ética oscura, en vez de clara. Los obstáculos internos y la manipulación en el funcionamiento del negocio de la empresa se convirtieron en la norma.

Compañeros de otras divisiones venían a mi división para pedir posibles traslados. No estaban contentos con los cambios de sus departamentos y querían pasar a una zona donde sintieran que la compañía en la que ellos creían que todavía existía. Nos llegaban rumores poco alentadores del mercado y de nuestros fabricantes sobre varias interacciones comerciales y sociales en las que el personal de Reebok se había visto implicado.

Mi jefe me apoyaba, aunque navegaba entre dos aguas. Cuando le reiteré mis inquietudes, él entendió lo que yo defendía, y me dio la razón. Sin embargo, la promesa de tener grandes mercados y ventas le pareció más atractiva.

Después de pensar detenidamente en lo que era importante para mí, decidí dimitir para poder continuar con mi misión [«VERDAD/ESPADA»]. No fue una decisión fácil. Como presidenta de siete divisiones de Reebok, tenía un magnífico puesto desde el que podía efectuar muchos cambios positivos dentro de la empresa y en la comunidad. Sentía que, si me marchaba, defraudaría a muchas personas. Y con el nuevo clima empresarial, también me preocupaba que parte de las obras caritativas de las que me ocupaba tanto se interrumpieran con mi marcha.

Pero en ese momento pasaba gran parte de mi tiempo apagando incendios en vez de solucionar problemas y crear valor añadido. Hice todo lo posible para cambiar las circunstancias, pero era evidente que debía elegir: o resignarme a la nueva filosofía o marcharme. Así que la decisión fue fácil. Sabía que sólo podía estar en paz conmigo misma si me ocupaba de seguir mi misión.

Un claro indicativo de que no estás viviendo tu misión es la sensación de que tu vida o tu trabajo son una lata. Cuando todo es un esfuerzo, ya no estás sirviendo a tu misión. Sin embargo, antes de dejar un trabajo, asegúrate de que no haya nada que puedas hacer para mejorar la situación. Puede que hayas caído en una pauta inconsciente [ERROR]. Quizá eres tú quien se ha desviado. Tu misión es como tu sistema de alarma personal. Puede avisarte del hecho de que estás viviendo de una forma que ya no tiene sentido.

Si has hecho todo lo posible para remediar la situación y todavía es inaceptable, acábala lo mejor posible. Es de vital importancia aprender las lecciones que te llevaron a este punto, pues así no las volverás a repetir. Luego, avanza con el conocimiento y la certeza de que has dado lo mejor de ti. Puedes seguir adelante con confianza y sentirte a gusto porque estás haciendo lo correcto para ti.

PUNTOS DE ACCIÓN

Hay unos cuantos pasos que puedes seguir cuando creas que estás en una situación que ya no parece concordar con tu misión.

1. **Determina la razón de tu malestar.**

2. **Decide si se trata de tu propia inercia o un estado que se puede corregir.**

3. **Si ya no concuerda con tu misión, haz un cambio.**

4. **Aprende las lecciones que te haya enseñado la experiencia.**

5. **Reajusta tus objetivos con tu misión, y luego avanza con seguridad y gracia.**

CÓMO TRABAJAR CON LO QUE TIENES

¿Cómo asegurar que estás sacando el máximo provecho de lo que tienes y sigues fiel a tu misión? Esta fue una oportunidad que se me presentó cuando me incorporé a Aveda Corporation en 1994.

Cuando Horst Rechelbacher, fundador de Aveda, me

pidió que me uniera a su empresa, me acababa de mudar a Santa Barbara, California, después de dimitir de mi puesto de presidenta en Reebok. Tenía previsto crear una fundación sin ánimo de lucro en línea con la misión de mi vida.

Conocía a Horst desde hacía años gracias a nuestro trabajo mutuo en varias causas sociales y medioambientales. En ese momento, él quería reducir sus operaciones diarias de Aveda para dedicar más tiempo al activismo ecológico y la creatividad visionaria. Yo sabía que Aveda Corporation, una empresa de cosméticos y artículos de salud, trabajaba con plantas y flores naturales, y su misión encajaba con la mía. Parecía un puesto perfecto.

También sabía que, si trabajaba en Aveda, eso supondría un enorme reajuste en mi vida, pero tenía curiosidad hacia la oportunidad de crear un cambio más rápido e importante en el mundo a través de Aveda [SOCIO], de lo que conseguiría con mi fundación. Después de tomarme un tiempo para reflexionar, decidí aparcar el proyecto de la fundación sin ánimo de lucro y acepté gustosamente el puesto. En ese momento, creí que podría cumplir mi misión de un modo más efectivo aunando fuerzas con una compañía con conciencia social y ecológica, en vez de crear una fundación.

Lo primero que tuve que hacer al incorporarme a esta nueva empresa fue formular preguntas para saber los «por qué» y los «para qué». Aunque creí que conocía bastante bien la empresa, descubrí otra profundidad y desafío.

Aveda fue fundada por Horst hace unos treinta años sobre la base de unos principios ayurvédicos y un uso holístico de los recursos naturales. El ayurveda es un sistema de curación que se creó en la antigua India hace entre tres mil y cinco mil años. Su filosofía y ciencia se basan en ayudar a la naturaleza fomentando la armonía entre el individuo y la naturaleza, así como llevar una vida equilibrada con las leyes de la naturaleza. El ayurveda fomenta el consumo de alimentos de cultivo biológico, reducir el impacto sobre el planeta (reducir, reutilizar, reciclar), prestar atención en cómo uno afecta a los demás y cuidar conscientemente del medio ambiente. Los principios ayurvédicos enseñan que viviendo de esta forma se equilibra la relación entre cuerpo y mente y se restablece la integridad y la armonía.

Puesto que muchas personas apreciaron estos principios, Aveda desarrolló una base de clientes muy fiel. Sus clientes querían y valoraban la eficacia de sus productos, así como la filosofía y la forma tan consciente de buscar estos productos, desarrollarlos, entregarlos y comercializarlos. Deseaban esos productos y apoyaban la misión de Aveda. A los clientes les gustaba el modo en que se vendían en dedicados centros de estética, cuyas informadas esteticistas invertían tiempo explicando los productos y la misión de la compañía.

Cuando me incorporé a la empresa, esa fiel clientela me ofrecía una base muy sólida sobre la que construir, aunque también me planteaba un desafío. ¿Cómo podíamos ampliar un estilo de negocio familiar mientras seguíamos fieles a la misión que convertía a esta empresa en un proyecto de tanto éxito? La compañía estaba preparada para el siguiente nivel de crecimiento. ¿Cómo la haríamos crecer mientras conservábamos su personalidad y su alma? ¿Cómo podíamos incrementar el número de personas en más lugares, mientras seguíamos transmitiendo el valor de esta beneficiosa línea de productos?

Poco después de que empezara, reunimos a varios cientos de empleados de Aveda en una asamblea para debatir y soñar sobre cómo podríamos expandirnos de forma consciente conservando y reforzando el espíritu de la compañía

[SOCIO]. De forma colectiva, nos tomamos nuestro tiempo para sugerir, visionar y debatir sobre cómo permanecer centrados en la misión mientras pasábamos al ámbito internacional en cuanto a distribución y ventas.

Uno de los métodos más importantes para seguir fiel al propósito de Aveda ya se estaba llevando a cabo: éramos conscientes de crear una estrategia de expansión. Nos tomamos tiempo para reflexionar sobre las distintas posibilidades y forjar planes de consenso. En general, decidimos asegurarnos de que la empresa creciera como un organismo [ESPADA], no haciendo venir a un equipo externo de expertos que nos dijeran cómo proceder de forma convencional, sino cultivando nuestro talento desde dentro.

Varias personas de la empresa tenían experiencia en varios aspectos de los negocios internacionales, incluida una profunda comprensión de las culturas y las costumbres de los países adonde teníamos previsto expandirnos. Se formaron comités específicos compuestos de los socios de Aveda para que trabajaran en el desarrollo internacional. Al final, valiéndonos de recursos internos y externos, entrevistamos y exploramos sinergias de negocio con personas de mentalidad similar a la nuestra y con empresas de los países donde queríamos implantarnos.

Una ventaja complementaria que fue apareciendo a medida que trabajábamos en la expansión internacional, fue que todo el personal de la empresa comenzó a colaborar más. Gente de distintos departamentos trabajaba junta en varios aspectos del programa internacional. Como la comunicación y la cooperación se incrementaron, también creció la productividad y el estado de ánimo.

Iniciamos relaciones comerciales en los países donde encontramos personas y prácticas comerciales justas. Era importante que compartiéramos misiones y objetivos comunes con nuestros nuevos socios, de modo que nuestra filosofía y prácticas de negocio fueran coherentes en todas partes [VERDAD].

Aveda creció rápida y orgánicamente porque cumplíamos con la misión de la empresa. En cada paso del camino, siempre volvíamos a formularnos la pregunta fundamental: ¿está esto en concordancia con nuestra misión? Nos mantuvimos concentrados en nuestro polo norte y nos servía de referencia cuando nos adentrábamos en un territorio virgen. Después de dieciocho meses de esfuerzo en este sentido, los productos Aveda se comenzaron a distribuir y vender en nueve países. Como testimonio adicional del éxito de esta iniciativa, las ventas y el margen bruto de la compañía crecieron a un ritmo de dos dígitos.

PUNTOS DE ACCIÓN

Mientras tratas de permanecer fiel a tu misión, recuerda estas pautas:

1. **Céntrate en tu misión. Recuerda que debes preguntarte: ¿Qué me obliga a querer levantarme por la mañana?**

2. **Analiza tus objetivos: ¿siguen siendo aplicables y eficaces en la nueva situación? Tu misión no varía, pero los objetivos pueden cambiar según las nuevas circunstancias.**

3. **Implica y prepara una estrategia con todas las partes que trabajan para tu mismo resultado.**

4. **Aprende y planifica a partir de la sabiduría colectiva, mientras permaneces centrado en tu propia razón para existir.**

5. **Desarrolla tu plan, haz un seguimiento del proceso, y realiza pequeños ajustes mientras avanzas con confianza.**

6. **Haz todo lo posible para avanzar continuamente hacia tu misión, y te sentirás a gusto.**

He aprendido esto al menos por mi experiencia:
Que si uno avanza con confianza
hacia la dirección de sus sueños,
y lucha por vivir la vida
que ha imaginado,
se encontrará con un éxito
inesperado en su vida cotidiana.

HENRY DAVID THOREAU

CÓMO CONSEGUIRLO

TERCERA PARTE

CAPÍTULO CINCO

Sabiduría para vivir

¿Alguna vez te has fijado en que algunas personas permanecen tranquilas y centradas en una situación de crisis? ¿Cómo lo hacen? ¿De dónde procede su ecuanimidad? ¿Por qué algunas personas se crecen en las crisis mientras que otras se vienen abajo? Las personas que viven íntegramente y siguen su misión descubren que los detalles se convierten en algo mucho más fácil de tratar.

Probablemente hayas experimentado esta sensación cuando te has enfrentado a un desafío y lo has considerado un problema por resolver, en vez de algo que te supera o te paraliza. Cuando te enfrentas a un desafío, tu mente sopesa distintas opciones, y analiza todos los pasos mientras te mueves estratégicamente hacia delante.

Esto es lo que hace el personal de la sala de urgencias de un hospital cuando continuamente tiene que hacer frente a crisis inesperadas. Lo ideal sería que el personal de urgencias estuviera comprometido con ayudar y curar a los demás. Ven cada caso (por muy grave que sea) como otra oportunidad para servir y sanar. Cuando todo marcha bien, se debe a que el personal recuerda por qué está ahí. Recibe formación específica para no perder la calma en momentos de crisis y saber qué debe hacerse. Las personas satisfechas con su trabajo actúan en armonía con su vocación.

Su enfoque hacia las urgencias es parecido al de la filosofía china que tantos ciudadanos chinos han aceptado a lo largo de la historia. La idea es entender que un momento peligroso es también un momento de nuevas oportunidades y cambios. En chino crisis es *gna-gay*, que es una combinación de las palabras «peligro» y «oportunidad». Esta combinación pretende recordar a la gente que, por muy difícil que sea una situación, siempre es una oportunidad para aprender y hacer las cosas mejor. Adoptar esta perspectiva puede ser determinante a la hora de sobrevivir, incluso prosperar, en situaciones en las que otras personas se derrumban.

Cuando era joven, en los años sesenta, vi unas fotos de unos monjes y monjas vietnamitas budistas que se prendieron fuego en público para protestar contra la guerra de Vietnam y su persecución política y religiosa. Varios monjes murieron. Estas autoinmolaciones públicas se reconocieron generalmente como sacrificios personales, una declaración de sus creencias religiosas y políticas [ESPADA]. Los budistas tienen unas normas muy estrictas

contra el asesinato en general y el suicidio en particular. Los expertos creyeron que estas acciones tan poco habituales fueron la expresión de la elite de devotos inspirados por las escrituras budistas para demostrar hazañas en tiempos de crisis.

La cremación se produjo con una asombrosa tranquilidad. Nadie se retorcía ni se estremecía. No se escucharon gritos de dolor. Los monjes y monjas permanecieron en meditación mientras sus cuerpos ardían. Me pregunto cómo estas personas pudieron permanecer sentadas con tanta tranquilidad mientras sus cuerpos eran pasto de las llamas. Su disposición a morir por sus creencias y su dedicación a su misión era asombrosa, especialmente cuando utilizaban una forma tan dolorosa y terminal de demostrar esa convicción.

Me imagino que sus convicciones estaban tan arraigadas en su interior que podían superar el dolor y aceptar su muerte. O quizá sus creencias eran tan intensas que ni siquiera sintieron dolor, y su muerte fuera una declaración necesaria. Fue un ejemplo extremo de cuán exigente puede ser vivir y morir alineado con tu propósito. Estos monjes y monjas sentían una paz interior con su misión, de modo que las circunstancias externas no hicieran sucumbir a su determinación. Incluso tratándose de algo tan íntimo como exponer el cuerpo a una situación amenazadora y agonizante, pudieron conservar la serenidad [ESPADA].

Afortunadamente, la mayoría de nosotros jamás nos enfrentaremos a estas circunstancias tan extremas. Nuestro desafío es estar más centrados en nuestra vida cotidiana para tomar decisiones más sabias y actuar desde nuestra más profunda inteligencia. Al participar en la vida desde ese espacio, descubrirás que todo fluye de un modo

más natural y podrás abordar cualquier problema que surja con total tranquilidad.

Nosotros creamos nuestro mundo según nuestros
pensamientos.
Por eso nos creamos nuestro cielo,
nuestro propio infierno.

SWAMI MUKTANANDA

ESQUIAR Y LA VIDA

El secreto para estar centrado es estar presente en el momento, sin mirar atrás con temor a lo que pudo haber pasado, ni con miedo por lo que pueda ocurrir en un futuro.

Imagina que estás esquiando por una pista cubierta de
hielo que pone a prueba tu habilidad y, a la vez, permites
dar rienda suelta a tus pensamientos. Por cada momento
que no estés concentrado, te enfrentas a la posibilidad de
caerte, resbalar y chocar contra un árbol, lo que te causaría
lesiones significativas en el cuerpo y dolor. Con estos pensamientos que empiezan a enviar mensajes de advertencia
a tu cuerpo, comienzas a tensar tus músculos. Te apoyas
sobre los esquís, tratando de alejarte lo máximo posible de
la pista helada. Observas de soslayo cualquier posible peligro. Mientras tu mente continúa imaginándose posibles
escenas de accidentes, te sientes invadido por una sensación cada vez mayor de temor. Este tipo de esquí no es divertido. Y, como cualquier esquiador experto te dirá, con-
templar este tipo de pensamientos cuando desciendes es
más peligroso que cualquier obstáculo que te encuentres
al esquiar.

Lo mismo ocurre en la vida. Cuando las cosas se ponen difíciles y hay mucho en juego, puedes preocuparte tanto por el resultado que en realidad estés creando las circunstancias que provocan tus temores. Para esquiar la pista helada de la vida con total seguridad, debes desprenderte de los pensamientos provocados por la ansiedad. Parece sencillo, pero no lo es. Sin embargo, tienes la capacidad para cambiar tus pensamientos.

Sé valiente [ESPADA]. Abraza tu vida con entusiasmo y pasión. Es posible que estés donde estás por casualidad, pero, te guste o no, es donde estás. La única forma de llegar al otro lado es atravesar el terreno que te rodea.

Cuando te enfrentes a los desafíos con optimismo y fe, tu cuerpo responderá a ello para que se corresponda con tu actitud. Se volverá relajado y alerta, se inclinará ligeramente hacia delante, ajustándose automáticamente al terreno. Tu mente se anticipará a las siguientes curvas, procesando los datos que captan tus sentidos, y se asegurará de que estés lo máximo de preparado posible para enfrentarte a lo que venga después. En este estado relajado y seguro, podrás incorporar la intuición, la experiencia y la sabiduría que hayas aprendido de los demás a lo largo del camino. De repente, descubrirás que las condiciones que antes parecían tan sobrecogedoras, ahora son más fáciles de abordar.

Para prosperar en la vida y en los negocios, necesitas integridad, pasión, intuición y tenacidad. Independientemente de los obstáculos reales o percibidos a los que te enfrentes, debes mantenerte concentrado con resolución y espíritu con el fin de lograr tus objetivos.

PUNTOS DE ACCIÓN

Para avanzar fácilmente hacia tu misión, debes:

1. Mantener la calma y estar presente.

2. Recordar tu misión.

3. Centrarte en la misión, no en el resultado.

4. Escuchar a tu guía interior.

5. Estar abierto a la sabiduría del exterior.

6. Integrar toda la información de que dispones y actuar desde una posición centrada y enfocada.

7. Aprender del proceso y disfrutarlo.

*La fama suele convertir
en vanidoso a un escritor
pero rara vez le hace
orgulloso.*

W.H. AUDEN

CAPÍTULO SEIS

Si lo construyes, no necesariamente vendrán

L A PRIMERA REGLA que debes aprender es una que parece negativa, pero es sumamente importante: si lo construyes, no necesariamente vendrán.

Contrariamente al argumento de la película *Campo de sueños*, donde el personaje de Kevin Costner creía que con construir un campo de béisbol su padre fallecido regresaría, en la vida real no cabe esperar que tus sueños se cumplan de forma mágica [ERROR]. Tienes que llevar a cabo la investigación y determinar si existe una demanda y es factible llevar a cabo tu sueño antes de empezar a crear el producto o los servicios para satisfacer esa demanda.

Cuando te enamoras de una idea o hay algo que te entusiasma, es fácil suponer que los demás también están entusiasmados con ello. Pero es muy importante asegurarte de que existe la necesidad del producto o de los servicios más allá de tu estrecho círculo o perspectiva antes de comprometerte o invertir los recursos de la compañía en el proyecto. Si esperas evitar resultados inesperados y desagradables, primero debes establecer lo que esperas a cambio de esa particular expresión de tu misión, y asegurarte de que cuentas con la estructura de apoyo para ejecutar el proyecto hasta que se termina.

Una cosa es cocinar como un chef para los amigos, y otra muy distinta es abrir un restaurante. Puedes ser un cantante muy apreciado en el cuarteto de tu barbería, pero ganarte la vida como cantante es una situación del todo distinta. Diseñar productos o servicios basándose en experiencias personales o anecdóticas sin una investigación de la viabilidad del concepto en sí es sumamente arriesgado. Sigue tu pasión, pero haz los deberes para asegurarte de que esa misión es viable. He aprendido, a lo largo de mi carrera, cómo el afán que no va acompañado de una adecuada diligencia puede provocar errores caros y dolorosos. Sé de primera mano lo fácil que es emocionarte tanto con una idea que transmites el entusiasmo a la gente que te rodea y te olvidas de llevar a cabo una parte fundamental de la investigación que determinará el éxito o el fracaso de la iniciativa.

LIGA DE BÉISBOL DE PRIMERA DIVISIÓN

Yo trabajaba en la empresa Nike cuando descubrí lo que parecía ser una magnífica prenda de vestir deportiva. En esa época, las camisetas bordadas y altamente decoradas de la Liga Nacional de Fútbol (NFL) que patrocinaba Nike se vendían como churros. Apenas podíamos satisfacer la demanda. Aunque todos nosotros estábamos entusiasmados con la rentabilidad de este producto, también sabíamos que, como todas las modas, se desvanecería en poco tiempo. De modo que empezamos a buscar diligentemente el siguiente artículo que lo sustituyera.

Así fue como tuvimos la oportunidad de colaborar con la liga de béisbol de primera división (MLB) [SOCIO]. Fuimos los primeros en desarrollar rápidamente una línea de ropa MLB. Pensábamos que, si había funcionado con la NFL, también debería funcionar con la MLB. ¿Acaso hay algo más estadounidense y popular que el béisbol?

Los directivos de la MLB estaban encantados con la idea de trabajar con nosotros. Estaban encantados con la forma en que habíamos posicionado a los atletas y les habíamos dado los productos para reforzar sus imágenes inconfundibles: Michael Jordan, cuyos saltos fueron legendarios, con el apodo de Air Jordan y el logo de un hombre que salta; a Andre Agassi, conocido por su estilo de juego agresivo y ostentoso, le asignamos unos pantalones de tenis de tela vaquera que no era en absoluto tradicional; y a Bo Jackson, por ser un maestro del béisbol y del fútbol americano, le asignamos una campaña de anuncios en la que aparecía haciendo equilibrios con su bate de béisbol encima de sus hombreras.

Los directivos de MLB eran plenamente conscientes del éxito de Nike con la línea de camisetas NFL, y estaban dispuestos a demostrar que la línea MLB podría ser incluso más popular. Mientras investigábamos la viabilidad del proyecto MLB, discutimos las distintas opciones con nuestros minoristas, estudiamos la historia del béisbol, visitamos el Salón de la Fama MLB de Cooperstown, en Nueva

York, y nos sumergimos en la creación de lo que ya anticipábamos como una línea de ropa aún más atractiva.

Todas las personas con quienes hablábamos estaban totalmente entusiasmadas con la idea. Iba a ser la mayor colaboración en el mundo de los deportes: el deporte preferido de Estados Unidos con la empresa deportiva más importante del país. ¡Eso era un Dream Team! La gente ya nos proponía otras posibles colaboraciones: la Asociación Nacional de Baloncesto (NBA), la Federación Mundial de Lucha (WWF), etcétera. Fue una época de un entusiasmo contagioso. Nuestro equipo trabajó mucho para desarrollar una nueva tela especial, tratamientos y diseños para captar el espíritu del béisbol y mejorar el rendimiento. Consultábamos regularmente con los directivos de la MLB, quienes también se sentían inspirados por la idea y nos dieron un acceso sin precedentes a sus archivos, aparte de contar con su constante apoyo moral.

Después de firmar un sustancioso contrato con MLB, nos aseguramos los derechos exclusivos de sus logos y diseños oficiales a cambio de parte de las ganancias de la venta de los productos con el logo MLB. Se diseñó una línea de ropa con los motivos de MLB, se fabricó y se envió a nuestros minoristas. Con la respiración contenida, esperamos a que empezaran a sonar los teléfonos. Estábamos seguros de que tendríamos un enorme éxito.

Pero algo extraño ocurrió.

Recibimos las llamadas, pero no eran del tipo que esperábamos. Las llamadas eran de carácter práctico: cómo iban a colgar toda la ropa en la tienda, por qué no había zapatillas a juego con la ropa y qué otros colores y telas había disponibles. Y cuando los minoristas no vendieron con la rapidez que todo el mundo esperaba, llamaron para preguntar si podían devolver las prendas [ERROR].

Nos quedamos de piedra. ¿Qué había fallado?

Después de reducir drásticamente todos nuestros futuros compromisos con la línea, pasamos a la modalidad de control de daños hasta determinar qué había fallado en el proceso de desarrollo. Formulamos las preguntas que debimos plantearnos en el inicio. Fue humillante. Pero también fue una magnífica experiencia de aprendizaje, aunque el precio que tuvimos que pagar fue muy caro. Después de pasar revista a nuestras acciones, encontramos algunas razones evidentes de por qué la línea no vendía.

Con nuestro fervor, pasamos por alto unas cuentas clave que nos hubieran ahorrado mucho sufrimiento mientras creábamos esta línea. Habíamos caído en la trampa del «pensamiento de grupo». Todo el mundo pensaba que la idea era estupenda, y por tanto así debía ser. Estábamos tan convencidos de que la idea era factible que sólo nos formulamos las preguntas que propiciaban respuestas que queríamos oír. No habíamos tenido en cuenta las diferencias entre lo que había pasado antes y lo que teníamos previsto hacer después. Fascinados por nuestra pasión, nos habíamos olvidado de hacer lo que siempre deberíamos hacer con cualquier nuevo proyecto. Observarlo con una mirada sin prejuicios.

A pesar de nuestro entusiasmo, el hecho fue que la línea era demasiado extensa para que nuestros vendedores la incluyeran entera en sus tiendas. En vez de exponer visiblemente esos productos para que llamaran la atención del cliente, la ropa estaba mezclada con otras camisetas y sudaderas. Los clientes ni siquiera sabían que existía una nueva colección de ropa MLB.

Se nos había ocurrido un nuevo concepto, pero no habíamos enseñado correctamente a los minoristas cómo venderlo. A diferencia de los grandes almacenes, las tiendas de deportes no están acostumbradas a presentar colecciones de ropa, o no tienen el espacio suficiente para mostrar una colección. El material de marketing que habíamos preparado para los vendedores ni siquiera estaba en las tiendas. Y los clientes no estaban acostumbrados a buscar otros productos que no fueran prendas deportivas básicas en los establecimientos en los que mayoritariamente vendía Nike. Además, no teníamos zapatillas de béisbol que hicieran juego con la ropa. Puesto que Nike fabricaba muy pocas zapatillas de béisbol en esa época, no había una estructura de marketing relacionada con el béisbol que sirviera para lanzar una nueva línea innovadora de ropa deportiva.

Estábamos emocionados con esa magnífica idea. Y era, verdaderamente, una buena idea. Pero no nos fijamos en los vendedores y en los clientes. No los incorporamos a nuestra idea. Educar a los clientes sobre las nuevas posibilidades y facilitar a los minoristas un fuerte apoyo de marketing eran elementos vitales para el éxito de la línea. Tener una buena idea no fue suficiente.

Cometimos un grave error, y aprendimos la lección. Enviamos el resto de las existencias a los minoristas que tuvieran espacio para mostrar la línea y, afortunadamente, vendimos la línea de ropa MLB. La parte de la línea que sí vendió tuvo un impacto mucho más reducido de lo que esperábamos. Afortunadamente, como reaccionamos con rapidez, al final vendimos la ropa de la línea MLB que produjimos, pero la línea nunca fue el «bombazo» con el que habíamos soñado.

Busca el éxito, no la perfección.
Nunca cedas tu derecho a equivocarte,
porque entonces perderías la capacidad de aprender
nuevas cosas y hacer avanzar tu vida.

Dr. David M. Burns

BIEN A CORTO PLAZO, MAL A LARGO PLAZO

De vez en cuando, recibirás una gran inspiración que no se corresponda con tu filosofía. Es probable que tu producto venda, pero no será la imagen o el mensaje que quieres dar al mundo. Cuando eso ocurra, tienes que decidir qué es lo más importante para ti: vender un producto o seguir tu misión.

Vender un producto puede ser uno de tus objetivos. Es posible que atraiga el capital que necesitas para ayudar a financiar la empresa. Pero si no está en línea con tu misión, se trata simplemente de una solución rápida [ERROR]. Y la pregunta es: ¿puede este apaño solventar tu principal problema, es decir, estar desconectado de tu misión? En realidad, cualquier solución de emergencia, por muy atractiva que sea, no resulta a largo plazo.

Cuando trabajaba en Reebok a principios de la década de 1990, la marca Reebok iba muy bien, pero no era tan popular como lo había sido a finales de la década de 1980. Invertíamos mucho tiempo tratando de hacer que la marca volviera a estar de moda.

Un día de primavera, uno de nuestros abogados de empresa, un hombre brillante y agresivo, entró corriendo a mi despacho con evidente emoción. Tenía una idea, una brillante idea, una forma segura para sacarle jugo a la marca: Madonna.

—¿Maddona? —le pregunté.

—Sí. Es muy popular. La gente observa todos sus movimientos. Crea modas. Si patrocina a Reebok, venderemos como churros.

Nuestro vicepresidente de marketing también estaba muy entusiasmado con la idea. Había ido a parar a Reebok después de trabajar en Pepsi, donde estaba acostumbrado a que las estrellas del cine y de la música patrocinaran sus productos.

A primera vista, la idea era buena. Maddona imponía su estilo por todo Estados Unidos. Había creado una moda tras otra y se reinventaba a sí misma constantemente. Mujeres (nuestros principales clientes) y hombres de todo el mundo seguían sus movimientos. Sería cara, pero su patrocinio serviría para incrementar la viabilidad de nuestros productos.

Pero había algo en mi termómetro interno que revelaba cierta incomodidad. Reflexioné sobre la herencia de Reebok. Reebok era una empresa centrada en los deportes y se distinguía por prestar atención a los requisitos atléticos de nuestras clientas. Reebok basaba su éxito en la filosofía de que las mujeres tenían distintas necesidades que los hombres respecto a las zapatillas y la ropa deportiva. Habíamos desarrollado y diseñado nuestras zapatillas y ropa teniendo en cuenta este factor. Las zapatillas Reebok Freestyle fueron las primeras zapatillas deportivas para practicar aeróbic. Era una línea de zapatillas ligeras y flexibles de piel suave, diseñadas con hormas distintas para hombre y mujer. El concepto había sido innovador en el terreno de las zapatillas deportivas. Al responder a las distintas necesidades de ambos sexos, Reebok se había arriesgado y los clientes habían valorado ese riesgo comprando las zapatillas.

A mí me preocupaba que incorporar una figura no deportiva para llamar la atención de las mujeres pudiera enviar un mensaje incorrecto: especialmente cuando esa figura era una estrella de rock con opiniones controvertidas sobre la religión y la sexualidad. Eso nos podía costar clientes. Madonna era, indudablemente, una creadora de modas. Pero nosotros éramos una empresa de ropa deportiva, no una empresa de moda. Nuestras clientas esperaban cierto rendimiento de nuestros productos.

Tu instinto más interno y tu guía interior pueden situarte en el lugar correcto. Pero debes asegurarte de que esa impresión esté refrendada por los hechos. Comenté a nuestro equipo que llevara a cabo una investigación de mercado para ver qué pensaba la gente de la idoneidad de Madonna como portavoz de Reebok.

Los resultados no se hicieron esperar: Madonna aumentaría sin duda alguna la visibilidad de la marca de Reebok e incrementaría potencialmente las ventas de nuestros productos. También enviaría un mensaje ambiguo a nuestros clientes. Sin duda alguna, vendería productos, pero las ventas no reforzarían nuestra imagen de marca o nuestra misión de ser una empresa deportiva.

Contratar a Madonna era algo muy tentador. Prácticamente garantizaba un aumento de nuestras ventas. Pero también sabíamos lo que teníamos que hacer. Para ser fieles a nuestra misión, teníamos que asociarnos con celebridades que realmente utilizaran y comprendieran nuestros productos deportivos.

De modo que empezamos desde el principio. Nos preguntamos qué opciones de marketing estaban realmente en línea con nuestra misión [VERDAD].

En ese momento, un joven y dinámico jugador de baloncesto estaba haciéndose famoso. Se decía que podría ser la próxima gran estrella del baloncesto. Su nombre era Shaquille O'Neal. Después de clarificar nuestra misión a través de la investigación que llevamos a cabo con Madonna, fue fácil ver que esta opción era mucho más adecuada.

Shaquille O'Neal era un atleta identificado con dar siempre el máximo rendimiento. Y era popular en un deporte que era una de las bazas de Reebok. Pero incluso en este caso fuimos con cautela e investigamos a fondo la posibilidad antes de precipitarnos a extraer conclusiones. Llevamos a cabo una diligente evaluación para ficharlo como patrocinador de la marca Reebok antes de seguir adelante [SOCIO].

Cuando ya nos sentimos cómodos con nuestros hallazgos, contratamos a Shaquille O'Neal como patrocinador clave de Reebok. El resto, como dicen, ya es historia. «Shaq» se convirtió rápidamente en uno de los jugadores más importantes de la NBA. Seleccionado por el Orlando Magic después de su temporada en el equipo juvenil en la primera ronda de la liga NBA de 1992, su estatura y su habilidad con el baloncesto le convirtieron en un joven muy popular. En 1996 fue elegido uno de los cincuenta grandes jugadores de la historia de la NBA y fue tres veces finalista en la votación de Jugador Más Valioso de la MBA, después de conducir repetidamente a los Lakers a tres victorias de la final de la NBA (en 2000, 2001 y 2002).

Contratar a un patrocinador que encajara con la misión de Reebok dio resultados importantes. Como deportista, Shaquille nos ofreció información muy valiosa sobre los productos a partir de su experiencia al utilizarlos. Nos dio sugerencias para desarrollar nuevos productos de última generación y su reputación incrementó la distribución de estos productos. Utilizar sus zapatillas del número 49 como parte del escaparate de Reebok en algunos almacenes sirvió para atraer la atención y mostrar nuestros productos de forma efectiva. Su excepcional rendimiento cuando lucía zapatillas Reebok fue un importante apoyo a la calidad suprema de nuestros productos. Su constante validación ayudó a vender los productos Reebok a los consumidores. También es un magnífico ejemplo de cuán efectivo es trabajar acordemente con tu misión.

Es decir, determina si existe o no una sólida base de conocimiento, una sólida base financiera, el equipo para ejecutar la idea, eficaces estrategias de marketing, credibilidad personal y la tenacidad suficiente para superar los primeros escollos. Y, con un poco de suerte, ¡tendrás éxito!

Si en la vida deseas éxito
haz de la perseverancia tu íntima amiga,
de la experiencia tu sabia consejera,
de la prudencia tu hermano mayor,
y de la esperanza tu genio guardián.

JOSEPH ADDISON.

Puntos de acción

Estas son algunas cuestiones clave antes de llevar a cabo un proyecto:

1. **Define la idea en un plan de acción funcional.**

2. **Investiga para determinar la viabilidad del concepto.**

3. **Asegura que el proyecto se corresponda con tu misión.**

4. **Avanza únicamente si la propuesta es sólida.**

5. **Asegúrate de que existen los recursos suficientes para completar toda la idea.**

6. **Asegúrate de estar personalmente comprometido con el proyecto.**

7. **Asegúrate del compromiso del equipo.**

8. **Reza para tener suerte.**

CAPÍTULO SIETE

Las ideas son buenas, pero su ejecución lo es todo

L AS BUENAS IDEAS ABUNDAN. Si has pensado en algo, también lo ha hecho otra persona. Pero no te preocupes. Tu idea está a salvo porque su ejecución lo es todo. Y muy pocas personas tienen lo que se necesita para llevarla a cabo.

¿Cuántas veces has visto algo en el mercado y te has preguntado «¿Y qué tiene esto de especial? ¡Yo mismo podría haberlo hecho!»?

Es lo que ocurría con los Pet Rocks. ¿Cómo es posible que un guijarro prácticamente inútil introducido en una pequeña caja de cartón y un pequeño relato llegara a venderse por diez y veinte dólares a millones de personas? ¿Y qué hay de la actual moda urbana, el patinete? ¿Cómo es posible que un juguete muy popular hace cincuenta años se haya convertido en el medio preferido de transporte en personas de entre seis y sesenta años? Y a un precio caro.

Todo está en la ejecución del plan. Por cada idea casera que se quiera poner en práctica, existen innumerables peligros. La única forma segura de alcanzar tus objetivos es ser diligente y creativo en el seguimiento de esa iniciativa. Para alcanzar nuevas cumbres, debes estar presente y ser cauteloso a la hora de planificar e implantar la estrategia.

Hacer las cosas de la misma manera que se ha hecho siempre no te va a llevar a ningún sitio, salvo al que ya existía antes. Tener un firme compromiso y pasión hacia tu idea te sustentará para superar esos momentos en los que estás cansado de intentarlo «una vez más». Igual, la próxima vez que lo intentes será cuando tu idea fructifique.

CÓMO SE DESARROLLÓ UNA IDEA BEBÉ

Una de las primeras joyas ocultas que descubrí cuando entré a trabajar en Reebok fue una pequeña división dedicada a los zapatos para niños. Esta división había luchado por conseguir un volumen de negocio suficiente para mantenerse a flote. Los directivos de este departamento siempre estaban bajo presión para tener pedidos que garantizaran un mínimo de producción. Las fábricas no querían ocuparse de ello porque se trataba de pequeñas cantidades y siempre trataban de bajar el precio. Los clientes querían zapatos baratos porque los niños crecen muy deprisa. Otras divisiones de la empresa consideraban a la división como los hermanos pobres que siempre pedían ayuda para reunir mínimos de producción o para la realización de los diseños.

. A las tiendas de deportes no les gusta vender zapatos para niños porque ofrece un pequeño volumen de negocio. Era algo que no entendían sus jóvenes empleados, y algo que tampoco les gustaba. No era una venta glamourosa, como en el caso del baloncesto o el tenis, donde famosos deportistas patrocinaban los productos y les daban cierto aire de modernidad. Incluso las medidas de las cajas de zapatos no favorecían la venta de zapatos para niños porque estas cajas pequeñas no encajaban en las estanterías de almacenaje.

Todo el mundo coincidía en que había una auténtica necesidad de crear zapatos nuevos para pies que crecían en poco tiempo. Pero el equipo de la división infantil estaba desanimado por la constante batalla que tenía que librar con su misma empresa y el mercado.

Pero eso ocurría antes de que Nancy, vicepresidenta de la sección de indumentaria, volcara toda su pasión y compromiso en la tarea de sacarle el mayor provecho a la división infantil.

Nancy tenía unos treinta y cinco años y acababa de dar a luz a su primer hijo. Era la esencia de la madre moderna. Los productos infantiles de calidad eran algo muy importante para Nancy. Ella y su marido querían estos productos para su hijo y estaban dispuestos a pagar por ellos. Querían asegurarse de que el bebé tuviera todas las facilidades para crecer y desarrollar todo su potencial.

Pero, como madre primeriza, enseguida descubrió que el calzado y la ropa de calidad para niños era muy cara para su estilo de vida. No había prendas infantiles bien hechas, que siguieran las modas y tuvieran un precio razonable. Este vacío en el mercado la inspiró a dedicar parte de su baja por maternidad a crear un plan de negocio de una nueva división de Reebok: *Weebok*.

Weebok sería la marca infantil hasta niños de cinco años. Incluía zapatos y ropa diseñada para los hijos de los clientes Reebok: personas interesadas en la salud y en el deporte que llevaban un estilo de vida activo. Tenían una renta por encima de la media y querían vestir a sus hijos con un estilo informal pero de calidad, tal como se vestían ellos. Pero esperaban pagar un precio moderado, no un precio de diseñador.

Nancy trabajaba en su plan de negocio cuando yo me incorporé a la empresa y pasé a ser su jefa. Nos entendíamos bien [SOCIO]. Yo apreciaba su misión y creía en ella. Me gustaba la idea de dar a esa generación de padres una marca infantil que respondiera a sus necesidades y estilos de vida. Era una magnífica extensión de la marca Reebok y parecía estar en línea con nuestra misión.

Otras empresas del mercado también se daban cuenta de la necesidad de esta categoría de productos. Gap estaba abriendo los Baby Gap Stores; la marca Guess también creó Baby Guess; Ralph Lauren comercializaba Baby Polo; y otras muchas empresas también respondían a esa percepción de demanda. Para convertirnos en líderes de este campo, tendríamos que crear un plan de negocio más efectivo que las otras compañías que trataban de abrirse camino en este mercado.

Mientras manteníamos a raya nuestro entusiasmo, analizamos nuestra estrategia para asegurarnos de que teníamos un negocio viable en vez de simplemente un sueño. Celebramos una sesión de tormenta de ideas sobre este enfoque y su correspondiente plan ejecutivo. ¿Cómo nos distinguiríamos de los demás? ¿Qué elemento era único en nosotros? ¿Cómo podíamos servir mejor a los clientes?

¿Había un mercado para lo que queríamos vender? ¿Teníamos todos los recursos para garantizar el éxito? Y lo que era más importante, ¿el proyecto se correspondía con nuestra misión?

Planeamos todos los detalles de la estrategia como un reloj. Analizamos nuestra división de calzado infantil que teníamos en esa época. Incorporamos lo bueno que tenía y aprendimos de lo malo [ERRORES]. Mientras colaborábamos con otras divisiones para incrementar los recursos de la empresa, desarrollamos una línea de conjuntos de ropa y calzado para niños de hasta cinco años.

Llevamos a cabo una investigación de campo, hablamos con las madres y realizamos pruebas de mercado. Refrendamos los resultados con pruebas de laboratorio. Analizamos la distribución espacial de las tiendas y probamos algunas soluciones. Compramos productos de la competencia y repasamos su publicidad. Hicimos todo lo posible para asegurarnos de que estábamos totalmente preparados para entrar en el mercado con un mensaje firme y constante.

El mercado estaba maduro para que alguna empresa se convirtiera en líder. Y con todos los candidatos que existían para ello, no dispondríamos de tiempo para corregir nuestra línea de producto si resultaba mala. Teníamos que situarnos por delante y mantenernos allí desde el principio.

Después de analizar a fondo nuestra idea, teníamos que crear el producto. La tarea de desarrollar, producir y poner precio a una línea de productos que agradara a nuestro mercado se abría ante nosotros. La ropa y el calzado se coordinaban entre sí según su función, el estilo y el color. La ropa y el calzado armonizaban perfectamente entre sí y eran tan adorables que incluso los trabajadores de la empresa que no teníamos hijos estábamos ansiosos por producirlos.

Pero todavía teníamos que vender los productos a las tiendas donde compraban nuestros clientes, e insertar anuncios, para que esos clientes anticiparan la llegada de nuestras líneas de producto.

Después de varios meses de trabajo intenso y viajes, se confeccionó nuestra línea de productos y se envió a las tiendas. Varias promociones lanzaron la ropa y el calzado. Nuestro equipo se desplazó hasta algunos de los comercios más importantes para formar a los vendedores sobre las características y las ventajas de nuestros productos. Los escaparates y los encuentros con vendedores querían presentar los productos de una forma coherente. Se llevó a cabo este marketing cooperativo con las tiendas para crear cierta emoción hacia nuestros productos.

Para nuestro alivio y satisfacción, los clientes venían a echar un vistazo... ¡y compraban nuestros productos! Y lo que era mejor, ¡les gustaba Weebok! Nos vimos inundados por comentarios sobre lo encantados que estaban los padres jóvenes de que alguien hubiera entendido, por fin, sus necesidades. Hablaron a sus amigos acerca de esta magnífica línea de producto. Las revistas del sector llamaron para escribir artículos sobre Weebok. Pronto recibimos llamadas de otras tiendas para hacernos pedidos.

Fuimos lo suficientemente cautos como para construir poco a poco nuestro éxito. Uno de los mayores peligros de esta etapa es expandirse con demasiada rapidez y creerte tu propia publicidad. En la euforia inicial o respuesta positiva, es posible que adoptes demasiados compromisos y acabes por tener que reducir gastos. Tener que retroceder, reducir los compromisos y los programas resulta desmoralizante para todas las personas implicadas en el proyecto. También te puedes ganar una mala reputación de ser una empresa poco fiable. Y además, el exceso de compromisos puede costarte más dinero que el que ganes de los productos que salen por la puerta del almacén.

Como éramos una nueva división con un presupuesto limitado, teníamos que asignar cuidadosamente nuestros recursos financieros y humanos. De modo que crecimos gradualmente disponiendo de existencias, creando la parte de marketing y publicidad para hacer crecer la marca con rapidez, pero no de forma tan imprudente que nos hubiéramos visto abrumados si la línea no se vendía bien. Era un equilibrio delicado. Avanzamos con cierta incertidumbre, con los pies tambaleantes como si fuéramos bebés Weebok.

Entretanto, nuestra competencia no estaba dormida. Abrían tiendas, lanzaban productos y emprendían campañas de marketing y publicidad. Creíamos que había mercado suficiente para más de una empresa nueva dedicada a la ropa y calzado infantil, pero nosotros queríamos mantenernos arriba. Tal como dice el viejo refrán: «El éxito duradero suele ser el resultado de mucha diligencia y trabajo duro». Nosotros queríamos ser una marca duradera, no una moda pasajera.

Después de dos años y medio de esfuerzo diligente, Weebok se había convertido en un negocio que facturaba sesenta millones de dólares, y seguía creciendo. La marca había adquirido cierto reconocimiento, los clientes la pedían, y las reposiciones de nuestros productos también funcionaban bien. Otras divisiones de la empresa nos apoyaban más y colaboraban con mayor frecuencia en el desarrollo de producto con Weebok. Estábamos creando una huella de mercado y los fabricantes estaban más abiertos a trabajar con nosotros; resultaba más fácil satisfacer los mínimos de producción. Otros negocios relacionados acudían a nosotros para que les autorizáramos a utilizar el nombre de Weebok, lo cual es un sólido indicio de que nuestra marca estaba logrando respeto y una respuesta positiva.

Con un apasionado compromiso con nuestra idea y entusiasta tenacidad, Weebok había tenido éxito. La idea siempre había sido atractiva, pero exigía una claridad de misión y una concienzuda atención para que su puesta en práctica convirtiera a Weebok en todo un éxito.

PUNTOS DE ACCIÓN

1. Determina tu idea con toda claridad.

2. Planifica y repasa la estrategia sobre cómo implantar el plan.

3. Confirma tu compromiso personal con el objetivo.

4. Refuerza el apoyo al proyecto.

5. Asegúrate de las ventajas competitivas.

6. Pon a prueba el concepto en el mercado.

7. Avanza únicamente si existe terreno abonado para el producto.

8. Sigue innovando y sé flexible.

9. Disfruta la carrera.

Tu futuro depende
de muchas cosas,
pero, principalmente, depende de ti.

FRANK TYGER

Las ideas son buenas, pero su ejecución lo es todo

CAPÍTULO OCHO

Debes sentir pasión

El ego y la fuerza de voluntad por sí solas no te llevarán a donde quieres

A LO LARGO DE LA HISTORIA, siempre han existido líderes que han sobresalido por sus grandes egos y sus habilidades. Crearon negocios rentables, se erigieron monumentos de sí mismos y crearon un culto a la personalidad de su ser.

Lo que normalmente no se sabe de estos famosos personajes es la pasión que sentían por sus misiones concretas. Debajo de ese ego y de esa fuerza de voluntad suele haber, por lo general, un poderoso impulso para tener éxito a pesar de todos los obstáculos. Esa necesidad de perseverar suele estar impulsada por un compromiso con una misión. Contrariamente a lo que la gente cree, el éxito que estos líderes alcanzaron no se debió al tamaño de sus egos, sino a su pasión y dedicación por su misión. Fue esta fuerte devoción a una causa lo que convirtió en líderes a esas personas.

Eso no significa que algunos líderes legendarios no hayan tenido un ego enorme. Aunque un ego hinchado puede ser repelente y destructivo cuando esas personas se aíslan de la realidad y no contribuyen al bien común, la fuerza del ego ayuda a un líder a perseverar ante los obstáculos que harían desistir a otras personas con menos confianza en sí mismas. Un ego y una fuerza de voluntad intensos pueden ser buenos puntales para mantenerte en tu propósito. Si reconoces el peligro de dejar que el orgullo ensombrezca tu perspectiva de la vida, puedes utilizar tu autoestima para energizarte y ayudarte a conseguir tus objetivos. Cuando eres consciente del equilibrio entre ser egoísta, tener autoestima y aspiraciones, utilizas un poder que te será muy beneficioso.

Sin una pasión arraigada que te sirva para anclar tus esfuerzos, te será difícil seguir tu camino cuando te enfrentes a una decepción o a la adversidad. Si el objetivo por el que luchas es importante, será inevitable encontrarte con problemas y situaciones de emergencia. Cuando el alcance y las exigencias de un proyecto son importantes, no puedes anticipar todas las contingencias. Estos desafíos ponen a prueba tu fidelidad a un objetivo. Si tienes una profunda dedicación a tu misión, seguirás adelante cuando los demás ya habrían desistido.

> *No hay nada grande en el mundo*
> *que se haya logrado*
> *sin pasión.*
>
> G.W.F. HEGEL

DEL FREGADERO DE UNA COCINA A LAS CASAS DE TODO EL MUNDO

Durante una calurosa tarde mientras me encontraba en un retiro con la empresa Aveda en el Spa Aveda de Osceola, Wisconsin, Horst Rechelbacher me contó la historia de cómo había creado esa empresa de ámbito mundial. Era una historia verdadera sobre cómo un líder comprometido con una misión superó barreras increíbles a su sueño.

Horst creció en una familia de clase media en Austria. Fue un estudiante indiferente y, a los 14 años de edad, fue enviado a una escuela de oficios por el sistema educativo. El oficio que aprendió fue el de peluquería para el cual, afortunadamente, tenía un talento natural. En sólo dos años, se convirtió en un joven muy famoso. En poco tiempo, empezó a viajar por todo el mundo para peinar a celebridades. Vivía rápidamente, viajaba mucho e incluso se creó seguidores. Tenía una vida glamourosa y los nombres de sus clientes se contaban entre los más ricos y famosos.

Luego intervino el destino. Cuando Horst estaba en Minnesota trabajando en un desfile de modas, sufrió un grave accidente de tráfico. Después de una larga recuperación de sus graves heridas, tuvo que enfrentarse a otro desafío. Como no tenía un seguro médico en Estados Unidos, tuvo que quedarse en Minnesota y trabajar para pagarse las facturas médicas. Le gustó tanto el lugar que decidió quedarse allí.

En poco tiempo reanudó su estilo de vida glamouroso, yendo a muchas fiestas y trabajando mucho. Una vez más, la suerte intervino. Vivía de día y de noche, trabajando y festejando sin descanso le consumió [ERROR], y esta vez quedó gravemente enfermo. La medicina occidental parecía no tener cura para él. Sólo con el apoyo de las hierbas que le administraba su madre pudo recuperar, lenta y dolorosamente, su estado físico óptimo. Pero su mente seguía atormentada.

La enfermedad le había obligado a plantearse preguntas importantes: ¿Cuál es el significado de la vida? ¿Para qué estoy aquí [VERDAD]? Al igual que muchos antes que él, viajó a la India en busca de respuestas. El tiempo que pasó allí en profunda meditación con sabios de la India le dio una claridad de propósito. Fue en la India donde Horst encontró su misión: utilizar los principios ayurvédicos (que menciono en el capítulo 4), el uso holístico de los recursos naturales, para mejorar el mundo. Estos principios fomentan el consumo de alimentos ecológicos para ayudar a reducir el impacto en el planeta, sanar la relación entre mente y cuerpo, y restablecer la integridad y la armonía.

Horst recibió la inspiración para incorporar la filosofía ayurvédica a su vida personal y a su trabajo en su peluquería [SOCIO]. Experimentó un enorme cambio interno, en comparación con la vida tan glamourosa que había llevado anteriormente. Con su misión vital, encontró un espacio profundo dentro de sí mismo y una mayor paz interior. Empezó a crear pociones curativas en su peluquería y en su cocina, combinando la sabiduría y el conocimiento que había adquirido de su madre herbolaria y de los principios del Ayurveda.

Su primer producto no fue precisamente un objeto glamouroso, sino que servía para limpiar los intestinos. No recibió ni una sola respuesta positiva de sus clientes. Volvió al fregadero de su cocina. ¿Cómo compartir su entusiasmo y su creencia en la eficacia y las facultades nutrientes del sistema ayurvédico, si no conseguía que sus clientes le escucharan?

En absoluto decepcionado por su primer fracaso rotundo, siguió experimentando. Su firme convicción en la veracidad de su misión fortaleció su determinación a pesar de la aparente falta de interés en sus productos. Mientras daba una muestra a sus clientes, solía ofrecer apasionadas explicaciones de por qué ese remedio eran tan beneficioso. Una y otra vez, recibía respuestas negativas: «Esto no es para mí... no quiero probar un producto que no ha sido testado... me gusta lo que estoy utilizando... gracias, pero no gracias... estoy bien... no quiero cambiar nada...», etcétera. Una persona con un compromiso más débil con su misión habría desistido. A fin de cuentas, su negocio funcionaba, así que, ¿por qué cambiar las cosas?

Horst insistió en seguir su misión. Después de una espiral de pruebas y rechazos aparentemente interminable, finalmente dio con algo que sus clientes quisieron probar: Shampure, un champú nutritivo para distintos tipos de cabello. A sus clientes les encantó.

Poco a poco, la línea de productos fue creciendo. Horst reforzó su fama como estilista con la nueva reputación de ser un genio del cuidado del cabello. Su fervor y entusiasmo a la hora de difundir su misión despertó la imaginación de otros peluqueros y de sus clientes. Éstos hablaban a sus amigos sobre esos magníficos productos, que no sólo eran buenos para el cabello, sino también para su cuerpo y el medio ambiente. Los peluqueros transformaron sus negocios en locales Aveda en todo el país.

Aveda Corporation, un nombre inspirado en principios ayurvédicos, se convirtió en una marca muy conocida. Alentó a otras personas a unirse a su misión, a ayudar, a sanar y a embellecer el mundo viviendo según los principios ayurvédicos. Otros peluqueros aprendieron de él. Se creó una escuela de salud y belleza en Minneapolis para formar a las personas según su vocación. En sus intervenciones en peluquerías y centros de belleza, Horst era tratado como una celebridad. En poco tiempo, se abrieron centros de belleza Aveda en casi todos los estados del país.

Actualmente, Horst es una leyenda en el negocio de la salud y la belleza, y las historias sobre su creatividad y sus hazañas abundan. En torno a Horst, hay un enorme mito de su personalidad. Se le atribuyen gracias y refranes, ya sean suyos o no. Oí hablar de lo que gusta y desagrada a personas que están en este negocio, mucho antes de que yo conociera a Horst. Según los rumores, Horst era capaz de detectar cualquier olor sintético porque le ofendían mucho. Antes de nuestra primera reunión, presté una atención especial a mi atuendo para asegurarme de que no oliera. Tuve la impresión de que Horst era una persona muy importante, y no me defraudó.

A lo largo de los años, el innovador enfoque holístico al negocio de la salud y la belleza ha inspirado a otras personas. Para la mayoría de profesionales de su industria, se le conoce por ser un icono excéntrico y exigente en el movimiento de salud y ecologismo. Ven a una persona legendaria vestida con ropa vanguardista y que habla inglés con su acento austríaco natal. Es una persona brillante que se enfrenta al desafío de convertirse en ese algo de lo que están hechos los mitos.

También se escuchan historias de su ego, de su fuerza de voluntad y de su temperamento. Pero la mayoría de personas no sabe que el verdadero impulso que le llevó a hacer realidad sus sueños fue su dedicación a su misión. Sin esa pasión fuertemente arraigada en él, Horst no hubiera tenido el aguante para perseverar después de un fracaso tras otro [VERDAD/ESPADA].

El ego y la fuerza de voluntad llevan muy lejos a una persona, pero es posible que no disfrute de su tarea. En sí mismo, ningún objetivo es atractivo. Por muy buena que sea la idea, nadie pasará por los inevitables altibajos de hacerla realidad a menos que realmente le interese. Quienes cumplen sus objetivos deben tener una pasión que les impulse, un fervor personal. Cuando sigues tu misión, los inconvenientes se convierten en lecciones que aprender para hacerlo mejor la próxima vez. La alegría y el deseo de cumplir tu llamada te allana el camino. Es más sencillo, más efectivo y ciertamente más gratificante encontrar tu pasión y seguirla.

Puntos de acción

1. Sé fiel a tu misión.

2. Reconoce a tu ego sano y tus ambiciones.

3. Únete a las personas que comparten tu misión.

4. Reforzad vuestra energía colectiva y entusiasmo para alcanzar vuestro objetivo común.

5. Encuentra consuelo en tu dedicación cuando ocurra lo inesperado.

6. Celebra cada día y cada pequeño logro.

7. Recuerda que debes compartir la gloria.

Debes sentir pasión

La aventura no es colgarse de una cuerda
en la ladera de una montaña.
La aventura es una actitud que debe aplicarse
a los obstáculos diarios de la vida:
Afrontar nuevos desafíos, aprovechar nuevas oportunidades,
poner a prueba nuestros recursos contra lo desconocido,
y a lo largo de este proceso descubrir
nuestro potencial único.

JOHN AMATT
ORGANIZADOR Y PARTICIPANTE EN LA PRIMERA
EXPEDICIÓN EXITOSA DE CANADÁ AL EVEREST.

CÓMO CONSEGUIRLO

CAPÍTULO NUEVE

EL CARISMA
ES ESENCIAL: O LO
TIENES O LO CONTRATAS

EL CARISMA ES LA DIFERENCIA entre una buena idea y una magnífica idea, entre unas cifras de ventas fiables y unas ventas estratosféricas, entre un aplauso educado y una multitud que vitorea. Cuando existe un éxito clamoroso, existe carisma. No puedes prescindir de él. Si lo tienes, fantástico. Si no, encuentra a alguien que lo tenga y págale bien [SOCIO]. Merece la pena.

Es muy difícil de definir, pero el carisma es como el talento: lo percibes cuando lo ves. Es la magia que hace creer a la gente, la diferencia entre una venta difícil y el hecho de que los clientes no puedan pasar sin tus productos. Cuando estás ante alguien con carisma, te das cuenta de ello. Es posible que esa persona no te haya impresionado a primera vista, pero cuando empieza a hablar, ocurre algo. Te sientes atrapado en sus palabras. Sin darte cuenta, tus ojos se iluminan como los suyos, tu corazón late un poco más deprisa, y te encuentras sentado en el borde de la silla.

Normalmente, asociamos el carisma a las personas. Pero una marca también puede ser carismática. Puede dar a un producto la imagen de «moderno». El mismo producto sin esa marca no parece tan atractivo. Piensa en las grandes marcas que buscas de forma automática. Las más importantes se encuentran con tanta facilidad que han pasado a ser una denominación genérica: Kleenex, Xerox o Levi's. ¿Buscas la marca Kleenex porque es mejor que otros pañuelos o porque su marca despierta algo en ti? Una marca con carisma atrae a las personas por encima de su necesidad.

EL CARISMA CONVIERTE UNA NECESIDAD EN UN DESEO

Con ello no quiero decir que menospreciemos la necesidad de una adecuada preparación y un adecuado seguimiento, sino que la presencia de carisma acelera el proceso. Es un hecho de la vida que, cuando existen dos competidores para una oferta, muy a menudo gana el contrato quien tiene un mayor carisma personal.

Tienes que tener carisma en cualquier iniciativa empresarial. Es fundamental en cualquier proyecto donde exista cierto grado de incertidumbre y riesgo. En última instancia, hay que vender las ideas y el proyecto, y cerrar el trato. Los inversores deben tener fe en las personas que venden el plan. El carisma es el ingrediente que nos ayuda a diferenciar entre multitud de opciones.

Todos los emprendedores necesitan carisma. Eso hace que la gente crea en ellos. Debes tener algo para que la gente quede convencida de lo que haces. Si careces de esa cualidad, trabájala o contrata a alguien que la tenga. Es crucial.

Incluso en una época en la que todo se reduce a mínimos, el éxito reside en la presentación. No hay nada que se venda únicamente sobre el papel. Las personas importan. Debes contar con personas que allanen el camino, que tengan carisma y dirijan. Necesitas esa magia.

Ten en cuenta que lo que las personas compran realmente es el anzuelo que les atrae al producto. Nike y Reebok fabrican unas zapatillas indiscutiblemente excelentes. Pero las cifras de ventas superan la mística del marketing. No se trata simplemente de exponer los productos a una serie de familias. Es el efecto del carisma [SOCIO].

CONSEGUIR CARISMA

¿Cómo se reconoce el carisma? Adopta distintos aspectos según la persona. No se trata de una característica física. Es algo que sientes cuando estás con esa persona. Respecto a los productos, es algo que contiene ese producto que te hace sentir bien cuando lo utilizas. Es una cualidad esquiva, pero inconfundible.

¿Cómo saber que lo tienes? Si te lo preguntas, probablemente no lo tengas. Si puedes expresar tu punto de vista ante los demás y convencer a la gente para que te sigan, entonces tienes carisma. Cuando entras en una estancia y la gente parece alegrarse de tu presencia y te escucha atentamente, tienes carisma. Cuando las cosas que dices se toman como verdades sin cuestiones, entonces tienes carisma.

Cuando te votan como la persona más popular en tu facultad o empresa, tienes carisma. Cuando te resulta fácil conseguir un mejor servicio o un tratamiento especial en los restaurantes, hoteles y aeropuertos, tienes carisma.

¡Este carisma es una herramienta muy poderosa!

La pregunta es: ¿Cómo conseguirlo? O, ¿cómo conseguir más? El carisma es como un truco de magia. Cuando descompones las piezas, no es tan misterioso.

La parte más importante del carisma es tu creencia en ti mismo y en tus productos. Tu convicción personal en ti mismo y en tus productos se transmite en todo lo que hagas o digas; colma tu ser. Una confianza sincera en la veracidad de tu propósito transmite a los demás una solidez con la que se sentirán cómodos.

En todos los líderes famosos de la historia, su resolución personal ante la causa que defienden les hace creíbles. Una de las declaraciones estadounidenses más importantes: «Dame la libertad o dame la muerte», fue pronunciada en un discurso dado por Patrick Henry el 23 de marzo de 1775. La pasión de Henry, comunicada tan elocuentemente, impulsó a los líderes de las colonias norteamericanas a separarse de Gran Bretaña [VERDAD/ ESPADA]. La fuerza de su compromiso con la libertad, de lo que él consideraba una esclavitud con Gran Bretaña, le convirtió en una personalidad muy persuasiva. Otros fueron atraídos por esta perspectiva a partir de la profunda convicción que emanaba Henry. Sus discursos eran de corazón. Las palabras transmitían tanta honestidad y fervor que todavía hoy nos conmueven:

No es un momento de ceremonias. La pregunta ante la Cámara se produce en un momento delicado para este país.

*Por mi parte, lo considero como nada más y
nada menos que una cuestión de esclavitud o de
libertad; y en proporción a la magnitud del tema
debería producirse la libertad del debate. Sólo de esta
forma podemos esperar llegar a la verdad, y cumplir
la enorme responsabilidad que tenemos hacia Dios y
hacia nuestro país. Si me retrajera de mis opiniones
en este momento, por miedo a causar ofensa, me
consideraría culpable de traición hacia mi país, así
como un acto de deslealtad hacia la Majestad del
Cielo, a quien venero por encima de los reyes
terrenales...*

*¿Por qué nos quedamos aquí sin hacer nada?
¿Qué desean los caballeros? ¿Qué desearían? ¿Es la
vida tan apreciada, o la paz tan dulce, para ser
comprada con el precio de las cadenas y la
esclavitud? ¡Perdonad, Dios Todopoderoso! No sé qué
camino tomarán los demás; pero en cuanto a mí,
¡dadme la libertad o dadme la muerte!*

La pasión de Patrick Henry rezuma de sus palabras. Es esa convicción de propósito lo que conmueve a las personas y atrae a seguidores. Normalmente, las cuestiones que tratamos aquí no son tan importantes como las que trataba Henry. Es posible que nuestras intenciones sólo tengan que ver con tener un fácil fluir entre nuestras vidas y nuestro trabajo. Tener carisma puede inspirar a miles de pioneros a forjar una nueva nación que cambiará la historia del mundo. Puede marcar la diferencia entre el éxito y el fracaso de nuestras oportunidades empresariales. O simplemente puede ayudar a suavizar las rugosidades que aparecen en nuestra vida diaria.

El carisma es esencial: o lo tienes o lo contratas

A TRAVÉS DE LA NIEVE,
EL TRÁFICO Y LOS DESFILES

*Las ventas dependen
de la actitud del vendedor,
no de la actitud del posible cliente.*

W. CLEMENT STONE

La creación de Fasturn, una de las empresas para las que he trabajado, es un buen ejemplo del carisma en acción.

Frank Litvack, un cardiólogo de renombre y exitoso empresario médico, creó Fasturn. En 1998, recibió la inspiración para crear una empresa en internet de suministros médicos y farmacéuticos. Mientras investigaba el sector, descubrió que los empresarios que le habían precedido habían inundado el campo. Pero también sabía que habría otras empresas que se podrían beneficiar de la eficacia de una fuente por internet y el sistema de compra que él ofrecía. Después de investigar un poco más y de sopesar sus opciones, se decidió por el negocio de la indumentaria.

Este negocio es muy antiguo y tradicional, que apenas ha cambiado en los últimos cincuenta años. Se sigue llevando a cabo a partir de reuniones personales y negociaciones sobre aclaraciones y modificaciones sobre las especificaciones de la producción y los precios. Se invierte mucho tiempo y dinero en cosas que fácilmente podrían resolverse a través de un sistema informático estandarizado y módulos de negociación.

Frank se daba cuenta de todo ello. Sus investigaciones también habían revelado que la industria de la indumentaria sufría de unos pobres márgenes de beneficios. Frank pensó que esta mayor presión llevaría a las empresas a buscar nuevas formas de reducir costes. La industria parecía dispuesta a adoptar un nuevo estilo de hacer negocios.

Con el entusiasmo de un nuevo converso, Frank ideó un plan de negocio e inició el proceso de desarrollar un nuevo negocio dedicado a servir las necesidades informáticas de la industria de la indumentaria. Su entusiasmo y carisma personal a la hora de explicar su sueño era tal que pudo contratar a ejecutivos veteranos de JC Penny, Oxford Industries y Bankers Trust, entre otros, para que se unieran a su iniciativa. Frank no tenía ninguna relación con el sector de la indumentaria ni ningún tipo de exposición a este negocio tan complejo basado en las relaciones. Sin embargo, pudo contar con la ayuda de respetados profesionales para que se unieran a él en su negocio, cuyo concepto aún no estaba del todo claro.

Un amigo común, un alto exejecutivo de Salomon Brothers, ya se había unido al equipo. Me presentó a Frank. Después de dedicarme unos meses a la consultoría con Frank, en el desarrollo de la estrategia de negocio, acabó por convencerme de que me uniera a Fasturn como presidenta. Me describió cómo, juntos, podríamos marcar la diferencia y revolucionar la industria de la ropa.

Con todo su carisma, Frank pensó que Fasturn ayudaría a equilibrar el sector para las empresas pequeñas y medianas de todo el mundo. Las empresas que no habían podido aprovecharse de los mercados internacionales y de las nuevas facilidades para la producción podrían hacerlo con el nuevo *software* de Fasturn. Podrían localizar los productos y comunicarse con proveedores de todo el mundo. A medida que mejoraran los precios y las comunicaciones, estas empresas se beneficiarían del alcance y de los informes detallados, de forma que reforzarían sus ventas y sus márgenes brutos. Los consumidores también obtendrían la ropa que quieren más rápido y a un mejor precio. Sería una situación en la que todos saldrían ganando. Lo único que teníamos que hacer era reunir el dinero, perfeccionar el plan de negocio, y construir la organización y el *software*.

El carisma de Frank le daba la habilidad para describir una situación que atrajera el interés de la persona. Cuando utilizaba ese carisma podía convencer a las personas de la misión de la empresa o de sus posibilidades. Tenía tanto éxito acogiendo a los demás a su visión que muchas personas abandonaron carreras más seguras para unirse a él. Yo fui una de ellas.

Como necesitábamos reunir más dinero para llevar a la empresa a su siguiente nivel de desarrollo, Frank y yo nos pusimos en marcha. En un día especialmente frenético, habíamos concertado entrevistas en empresas de inversión de Nueva York y de Boston. Nuestra primera presentación en NY fue un éxito total. Tanto es así que llegamos media hora tarde a nuestra próxima cita (y todavía nos faltaba la presentación de Boston). El tráfico no era fluido y empezó a nevar, y cuando empezó el desfile del Día de San Patricio, el tráfico de Nueva York quedó totalmente parado.

Abandonando toda esperanza de hacer juntos ambas presentaciones, decidimos que nos separaríamos. Yo haría la de Nueva York y Frank iría directo al aeropuerto para llegar a Boston antes de que la nieve cuajara.

Cuando llegué a la reunión con los capitalistas, ya era tarde. Tenía el pelo mojado por la nieve. Mis zapatos estaban empapados. Cuando entré chapoteando en la empresa, la recepcionista anunció con voz chillona que tendría que esperar. La implicación era clara: los inversores en capital riesgo no quieren esperar.

Aunque habíamos llamado con antelación diciéndoles que llegaríamos tarde y ellos habían aceptado vernos cuando llegáramos, en esos momentos estaban ocupados con otras cuestiones importantes. Hablarían conmigo cuando pudieran.

Aunque era consciente de que la reunión había empezado con mal pie debido al retraso, me alegró tener el tiempo para descansar un rato después de haberme abierto paso entre la multitud del desfile y la nieve llena de barro. Mientras esperaba, me compuse y saqué de mi maletín el material que necesitaba para la reunión. Pero no estaba. De pronto, me di cuenta de que el CD con la presentación en Power Point sobre el funcionamiento del *software* de Fasturn se lo había llevado Frank a Boston.

Mientras hacía un repaso rápido a mis opciones, me di cuenta de que la única opción que tenía era ser honesta, pedir su indulgencia, y hacer todo lo posible sin material de apoyo.

Cuando, finalmente, los capitalistas me invitaron a pasar, me dijeron que sólo tenían treinta minutos, en vez de la hora que habíamos concertado con anterioridad. Pero estaba preparada. Me disculpé de nuevo por mi retraso, explicando lo del tráfico, la nieve y el desfile, lo cual había causado mi retraso y la ausencia de Frank, a quien esperaban ver en la reunión. Agradeciéndoles por su flexibilidad, les prometí ser concisa mientras explicaba por qué nuestra asociación sería beneficiosa para ambas partes.

Sonriente y segura, me lancé a presentar un brillante resumen de por qué necesitaban contar con Fasturn en su carpeta de clientes. Puesto que yo creía firmemente en nuestra empresa y en nuestra misión, me fue fácil contar la historia (sin Power Point). Describí cómo nuestros productos beneficiarían a la industria de la ropa y cómo formarían parte de la revitalización de ese sector. Era evidente para mí que nuestros productos serían adoptados ampliamente por toda la industria, y así se lo dije. Les expliqué que era razonable que invirtieran en nosotros, puesto que éramos un equipo ganador y el proyecto serviría para revolucionar la industria. Les mostré cómo su necesidad de invertir de forma sabia y rentable quedaría satisfecha por la creación y el desarrollo de Fasturn.

Mi objetivo era convertir su necesidad en un deseo. Después de veinte minutos, en los que tuve que hacer frente a numerosas preguntas y animadas interrupciones, salí de la sala con un compromiso verbal de una inversión de cinco millones. Esto, después de una reunión en la que había llegado empapada, una hora más tarde y sin contar con el material del que creía disponer.

¿Qué había pasado? ¿Cómo había convertido un desastre potencial en una inversión sustanciosa y el apoyo a nuestra empresa?

Funcionó porque puse en práctica lo que yo conocía como los aspectos clave del carisma.

- **Estaba presente.**
- **Fui honesta.**
- **Estaba comprometida.**
- **Creía en lo que estaba haciendo.**
- **Escuché.**
- **Respondí a sus preocupaciones.**
- **Convertí su necesidad en un deseo de nuestro producto.**
- **Tuve suerte.**
- **Fui bendecida.**

*La suerte ocurre cuando la oportunidad se encuentra
con una mente preparada.*

DENIS WAITLEY

PUNTOS DE ACCIÓN

1. **Asegúrate de que vives en consonancia con tu misión.**

2. **Determina si tienes carisma o no.**

3. **Evalúa las características personales que son más efectivas en las presentaciones.**

4. **Descubre lo que funciona para ti.**

5. **Permanece atento en cada situación.**

6. **Presta atención a lo que las otras personas quieren.**

7. **Habla con sinceridad.**

EL CARISMA ES UNA ETIQUETA

Una empresa puede tener carisma. De hecho, la mayoría de empresas que gozan de un éxito prolongado tienen carisma.

A mediados de la década de 1980, yo trabajaba como directora de promociones de ropa femenina en los grandes almacenes Miller Outpost. Miller Outpost tenía más de 320 tiendas en el oeste de Estados Unidos, y abastecía principalmente a las necesidades indumentarias de hombres y mujeres jóvenes. Habían levantado su negocio gracias a la venta de vaqueros y, con el paso de los años, se dieron a conocer por tener la mejor selección de vaqueros. Los vaqueros Guess? acababan de entrar en el mercado y eran una prenda de moda. Algunos de nuestros almacenes no podían guardarlos en el almacén. Se vendían en cuestión de días, aunque eran más caros comparados con otras marcas. Costaban entre cuarenta y cincuenta dólares el par, cuando otros muchos vaqueros se vendían a la mitad de ese precio.

Los vaqueros Guess? eran muy populares porque habían transmitido la premisa de que sus portadores tendrían un aspecto más atractivo que con otros pantalones.

También guardaban cierta relación con la idea de modernidad. Según una campaña publicitaria que apareció en vallas publicitarias, en radio y en los medios impresos, eras un joven moderno si lucías un Guess?. Difundieron ese mismo mensaje prácticamente en todo lo que hacían: en su publicidad, en su material promocional, en los modelos que utilizaban y en las instalaciones que empleaban en el extranjero. Incluso vi unos pósteres publicitarios de Guess? alabando el magnífico *look* de Guess? en las fábricas asiáticas, donde se producían.

El modelo más de moda era uno llamado «Marilyn», en honor a Marilyn Monroe. Se llevaba ceñido a la piel y era tan ajustado que, sin las cremalleras en los tobillos, nadie se los habría podido poner. Cuando recibíamos un cargamento de estos pantalones, la gente se los llevaba enseguida. No conseguíamos tener existencias en el almacén.

Puesto que Miller's Outpost tenía su programa de vaqueros con etiquetado propio, mis clientas y yo tratábamos de entender el éxito de los vaqueros Guess? ¿Por qué eran tan deseados? ¿Qué aspecto único tenían? ¿Era su tela, su patronaje, sus cremalleras, sus colores, o el estilo? Probamos los vaqueros en modelos y en nosotras mismas. Los medimos, los gastamos, los lavamos y nos los probamos otra vez. Nos preguntábamos, en vano, si existía alguna combinación sinérgica de todos esos factores, en vez de un elemento concreto. Pero no pudimos encontrar nada revolucionario en ellos. Todo lo que los vaqueros Guess? tenían, también lo tenían sus competidores hasta cierto punto. (Desde luego, ¡eso no impidió que también nosotras nos compráramos algunos pares! No queríamos perdernos la oportunidad de parecer más listas y atractivas, en el caso de que esos pantalones propiciaran esas cualidades.)

Pero un día pasó algo que nos dio una clave sobre la magia de estos pantalones.

Tenía que ver con el carisma de la marca. El pantalón se convirtió prácticamente en algo secundario en la mente de los clientes; estaban interesados en identificarse con la marca. Puesto que los vaqueros Guess? recibían tanta demanda y eran más caros que otros pantalones, la tasa de robo era muy alta. Para reducir los hurtos, tomamos medidas para alejarlos de la puerta de entrada y añadir un distintivo de seguridad en cada prenda. Después de cambiarlos de sitio, poco a poco nos dimos cuenta de que las existencias no se vendían tan rápido como antes. En vez de agotarlas en dos semanas, todavía nos quedaban pantalones a final de mes, cuando llegaba un nuevo cargamento.

Mientras analizábamos la situación y hablábamos con los comerciales y los clientes para detectar el problema, hubo un giro inesperado de los acontecimientos. Puesto que los pantalones eran más difíciles de robar, algunas personas entraban con cuchillos para sacar la etiqueta de los pantalones Guess? y luego la pegaban a sus pantalones para que parecieran de esa marca.

Entonces fue cuando nos dimos cuenta de que la demanda popular de esos vaqueros se debía al carisma de la marca. Su posicionamiento tan exitoso y su campaña de publicidad fue el ingrediente clave de su éxito. La imagen de la marca era tan contundente que la marca atraía parte del deseo del cliente de parecer más moderna y atractiva. Podías dar esa imagen llevando una etiqueta Guess?, aunque estuviera enganchada a un par de vaqueros normales y corrientes. Y, sin duda, ¡era más fácil robar la etiqueta que gastar cincuenta dólares en un par de vaqueros nuevos!

Como prueba adicional del poder de la marca, y no de los pantalones, comprobamos que nadie compraba los vaqueros sin etiqueta. El diseño, la tela o el corte no significaban nada sin la etiqueta.

Recuerda: el aceite de serpiente se vende por el elemento mágico que no está en el frasco. Es la marca lo que la gente compra realmente, el vendedor, la imagen y la promesa, no tanto el contenido de la botella. Se trata de crear la oportunidad para acceder a esa magia.

Puntos de acción

Para que tu empresa tenga carisma, debes:

1. **Definir la misión de tu empresa.**

2. **Crear una estrategia y seguir con tu misión.**

3. **Encontrar una necesidad del consumidor acorde con tu misión, y convertirla en deseo.**

4. **Proyectar siempre el mismo mensaje.**

5. **¡Rezar para tener suerte!**

El carisma es esencial: o lo tienes o lo contratas

CAPÍTULO 10

FORMULA
LAS PREGUNTAS
CORRECTAS

Y formúlalas ahora, no después

FORMULA PREGUNTAS, obtén respuestas; parece sencillo, pero a menudo no lo es. Con frecuencia, no formulamos un número suficiente de preguntas, o éstas no son las adecuadas.

Pueden existir varias razones para ello: es posible que ya creamos saber las respuestas, no queramos ofender a los demás preguntando, o simplemente no se nos ocurran esas preguntas. Aunque después, nos lamentemos al descubrir que deberíamos haber investigado más a fondo antes de tomar decisiones [ERROR]. Las preguntas que no habíamos formulado nos habrían aportado información, nos habrían ayudado a modificar nuestra estrategia, y a crear una diferencia positiva en el resultado.

Cometer un error de este tipo puede ser inestimable si se aplica a la lección que has aprendido. Pero muy a menudo, las personas nos olvidamos de la lección del pasado. Cuando nos enfrentamos a la misma situación, nos hacemos las mismas conjeturas de que sabemos todo lo que necesitamos saber, y olvidamos una vez más las preguntas importantes.

LAS MISMAS PERSONAS, DISTINTAS RESPUESTAS

Las suposiciones son peligrosas. Algunos consideran que «suponer es tomar el pelo», y esa frase tiene validez para no tropezar dos veces con la misma piedra. Una divertida anécdota sobre los peligros de hacer conjeturas, en vez de formularse preguntas, procede de uno de mis primeros trabajos de relativa responsabilidad. Es una lección que me recuerdo a menudo, así que no repito ese error.

En 1980, cuando pasé a ser la nueva directora de ventas de todas las divisiones internacionales de Britannia Sportswear, ascendí a mi exayudante Olivia a mi puesto anterior como directora de diseño y desarrollo.

Trabajábamos en Hong Kong, en el centro de desarrollo de producción internacional y diseño para Britannia, que tenía la sede central en Estados Unidos. Britannia Sportswear era la principal compañía de vaqueros y estaba a la vanguardia del mercado de ropa sport para hombre y mujer. Era una época muy positiva y emocionante.

La empresa era pionera en los vaqueros con parches de colores, lo cual colocó a la empresa en el mapa de la moda. Todos los jóvenes y no tan jóvenes estadounidenses, así como europeos, vestían vaqueros Britannia. Nuestros nuevos pantalones con bolsillos traseros bordados, nuestras camisas a rayas estilo Hawai y nuestra línea de ropa sport eran muy populares. No nos importaba trabajar a horas intempestivas porque era divertido formar parte de todo el proceso, desde el concepto inicial hasta los productos finales.

Olivia era muy buena en diseño y desarrollo. Podía hacer cosas que otros trabajadores habrían considerado imposible. Los diseñadores de las distintas divisiones siempre querían realizar cambios a sus diseños, a los tejidos o a los colores, y querían que esos cambios fueran rápidos. Olivia conocía a todas las empresas que se dedicaban a teñir tejidos, todas las fábricas de muestras, dónde encontrar piezas, quién tejía y quién fabricaba accesorios. Prácticamente, conocía a todo el mundo en el negocio de la moda en Asia. Podía llamar a cualquiera de ellos y hacer que se dieran prisa para producirnos algo [SOCIO].

Nuestro grupo trabajaba unido para asegurarse de que todos los diseños y los tejidos se tradujeran en todo lo que las divisiones de Britannia en todo el mundo tenían en mente cuando cortaban los retales, añadían las planchas de color o esbozaban los dibujos. Era un grupo eficiente. Incluso al estar situado en varias partes del mundo, las distintas divisiones colaboraban mejor de lo que podríamos desear.

Yo creía que sería una transición sencilla y natural para Olivia dirigir el departamento de diseño y desarrollo cuando a mí también me ascendieron. A fin de cuentas, ella conocía a casi todo el mundo del sector. Pero cuando se hizo con el puesto, algo empezó a fallar.

Empecé a recibir quejas sobre la gestión de Olivia, que vinieron también del presidente de la empresa. Los colores no eran los correctos, las telas no combinaban, y las muestras no eran las correctas; las medidas no encajaban y todo llegaba tarde. Olivia empezó a trabajar mucho y todo su equipo se quedaba en la oficina hasta altas horas de la madrugada. Daba la impresión de que nunca se marchaban a casa: se quedaban hasta pasada la medianoche a diario, y llegaban al trabajo temprano por la mañana. Pero seguíamos recibiendo quejas.

Traté de ayudar lo máximo posible, teniendo en cuenta mi pesada carga de trabajo y mis viajes. Pero mis esfuerzos sólo parecían dar sus frutos en los casos en los que yo trabajaba; no ayudaba a todo el departamento. Finalmente, frustrada y con varias divisiones suplicándome que hiciera algo, pregunté a Olivia si no le importaba que pasara unos días con ella y su equipo para ver cómo trabajaba el departamento.

Comprendiendo lo delicado de volver a mi antiguo territorio, traté de mantener cierta prudencia. Pero mientras observaba, empecé a formular preguntas, muchas preguntas: ¿Cómo se ordenan las prioridades de las peticiones de las distintas divisiones? ¿Cómo priorizar dentro de una misma división? ¿Con cuánta frecuencia os comunicáis con los distintos diseñadores? ¿Qué ocurre con los vendedores de otros países? ¿Cómo se actualizan según la cuantía de sus peticiones? ¿Qué ocurre con los informes de muestrarios? ¿Qué ocurre con los resultados del test de rapidez de color? ¿Y las pruebas de resistencia de telas? ¿Cuáles son las peticiones más importantes que recibís? Los nuevos pedidos de muestras demuestran distintas medidas respecto a la última, ¿cuál es la correcta?

Eran preguntas sencillas sobre aspectos de su trabajo, o del trabajo que deberían estar haciendo a diario, cosas a las que yo me dedicaba todos los días cuando ocupaba el puesto de Olivia.

Mientras se daban las respuestas a estas preguntas, el

problema se hizo cada vez más claro. Enseguida empecé a darme cuenta de que teníamos un problema de comunicación.

Olivia y su equipo tenían tantas ganas de demostrar que podían hacer ese trabajo que se metieron de lleno en él. Sin embargo, no se formularon las preguntas importantes [ERROR]. Naturalmente, no tenían las respuestas que necesitaban para facilitar la información que yo siempre proporcionaba a los diseñadores y a los vendedores de cada país. Olivia y su equipo simplemente dieron por sentado que los diseñadores y los vendedores sabían que estaban trabajando mucho para tenerlo todo a tiempo, y que ese arduo trabajo sería suficiente.

Yo no daba crédito a lo que veía. Olivia estaba conmigo cuando yo ocupaba su puesto. Me había visto preparar las actualizaciones y me había oído formular las preguntas que siempre planteaba a los diseñadores y vendedores. En realidad, ¡me había ayudado en algunas de esas preguntas! Pero, por alguna razón, cuando ella se hizo cargo del departamento, no se ocupó de las tareas que yo realizaba. Puesto que la empresa era joven, no existía ninguna descripción detallada del empleo. Yo había improvisado y creado ese puesto de trabajo, ajustando la descripción del trabajo para que se amoldara a los nuevos desafíos con los que constantemente me encontraba. A Olivia le costó adaptarse a este nuevo método de funcionamiento.

Continuó haciendo lo que ella había hecho bien anteriormente, trabajar con los creadores de tejidos, el laboratorio y el equipo de diseño y desarrollo de Hong Kong. Pero no se adaptaba a ese nuevo puesto, y tampoco pedía ayuda.

Tal como cabe esperar en un nuevo director, los diseñadores y vendedores recelaban de ella. No estaban segu-

ros de que ella conociera sus mercados. Pero, al igual que Olivia, tampoco formularon preguntas. Simplemente supusieron que ella no sabía y dejaron que su juicio infundado sirviera para considerar con escepticismo a Olivia y a su nuevo departamento.

Irónicamente, la solución al problema de que nadie formulara preguntas era, precisamente, que se formularan. Con el fin de solventar la falta de comunicación y los juicios que se efectuaban en ambos bandos, tuvimos que plantearnos muchas preguntas [VERDAD]. Las preguntas ayudaron a redefinir las expectativas y las responsabilidades de ambas partes.

Olivia y yo pedimos a todas las divisiones y departamentos que redactaran un listado de prioridades. Les preguntamos cómo querían recibir las comunicaciones (por fax, teléfono, telex, correo urgente y/o personalmente), y con qué frecuencia. Buscamos la forma en que ambas partes pudieran mejorar sus relaciones. Queríamos saber lo que habían aprendido de desafíos anteriores. ¿Sabían realmente quién era la otra parte? Utilizamos todo el episodio para mejorar el funcionamiento de ambos equipos. Se convirtió en una experiencia divertida que sirvió para unir más a los diversos departamentos y divisiones [SOCIO].

El incidente más revelador ocurrió con un vendedor canadiense llamado Jack. De todos los vendedores, Jack había sido quien más había criticado a Olivia y a su equipo. Olivia y yo queríamos asegurarnos de que estaba cómodo con los procesos de comunicación que estábamos aplicando. Cuando le pedimos su opinión, supimos que Jack estaba un poco más tranquilo, aunque aún se mostraba preocupado por el equipo de Olivia. No creía que estuvieran capacitados para hacer un buen trabajo uniendo los colores de las telas con las muestras de color que su equipo

necesitaba cada temporada. Acordamos que prestaríamos especial atención y que le mantendríamos informado en la próxima temporada.

Para hacer un seguimiento de este tema, Olivia y yo nos reunimos con Jack cuando se terminó la selección de colores. A Jack tampoco le gustó esta nueva gama de colores: eran demasiado claros, demasiado oscuros, demasiado grises, demasiado amarillos, etcétera. Puesto que habíamos comprobado los colores bajo una luz de espectro de colores y los habíamos cotejado con las fórmulas de tinte sugeridas, nos sorprendió mucho que Jack no quedara satisfecho. Insistía en unas discrepancias de color que nosotros no veíamos.

Le formulamos más preguntas. ¿Qué tonos le parecían muy oscuros? ¿Cuáles demasiado verdes? ¿Cuántos tonos faltaban aquí? Pero Jack seguía dando respuestas que no parecían corresponderse con los colores que estábamos mirando. Al final, empecé a formularle preguntas más generales. ¿Qué le preocupaba realmente acerca de los colores? ¿Tenían algo que ver con las nuevas tecnologías de producción? ¿Había alguna correlación entre sus inquietudes sobre el juego de colores entre los distintos tejidos de la línea? [VERDAD].

Las respuestas fueron llegando poco a poco. Gradualmente, Jack reconoció que estaba nervioso sobre la expansión de la base de la producción para las nuevas colecciones. Le preocupaba conseguir buenas combinaciones de color en los productos fabricados en las distintas plantas de producción de Britannia. Le inquietaba que los colores de las distintas telas no encajaran entre sí. Puesto que las colecciones estaban diseñadas para venderse y llevarse juntas, era crucial que los colores de las prendas coordinaran. Puesto que era especialmente difícil conseguir prendas tejidas que coordinaran, Jack tenía serias dudas sobre si esos conjuntos iban a producirse bien en distintos países. Cuando el puesto de diseño y desarrollo lo ocupó alguien desconocido para él, eso no hizo más que intensificar sus temores.

Debido a que Jack se sentía satisfecho con la anterior estructura organizacional, le preocupaba que Olivia no pudiera hacer el trabajo igual de bien. Al tener la impresión de que ese cambio estaba fuera de control, Jack empezó a quejarse de los elementos sobre los que sí tenía un control, como, por ejemplo, la coordinación de tejidos. Después de discutir sus inquietudes y de establecer un sistema para que recibiera actualizaciones e información de todo el proceso, Jack se sintió incluido en el proceso. Nuestras conversaciones le ayudaron a conocer mejor a Olivia. Y cuando se dio cuenta de que le consultaríamos, pareció más relajado e incluso animado.

Cuando mencionamos sus inquietudes sobre los colores, él se encogió de hombros y exclamó una frase sorprendente: «¡Soy daltónico!».

Olivia y yo nos miramos fijamente. Nos quedamos de piedra. ¿Qué pasaba con las diferencias de tonos, los colores que eran demasiado verdes o rojos o del todo incorrectos? Habíamos sufrido todo este tiempo por un hombre que no podía distinguir los colores.

Ahora que él se sentía más cómodo, nos confesó que normalmente se fiaba de los diseñadores para que le dijeran qué colores coordinaban y cuáles no, y él simplemente repetía lo que decían. Y luego sonrió.

—A veces me quejo de los colores para que trabajéis más duro y estéis más atentas —contestó—, ¡pero no distingo las diferencias! Es mi forma de asegurarme de que las cosas marchen bien.

A partir de ese día, Jack se convirtió uno de los mejores partidarios y amigos de Olivia [SOCIO].

La cosa salió bien, pero era una situación potencialmente explosiva. Si Olivia no se hubiera ganado el respeto de los diseñadores y de los vendedores, siempre habrían cuestionado su trabajo. Tanto Olivia como su equipo habrían estallado por la pesada carga del trabajo o habrían abandonado la empresa, totalmente frustrados. Las empresas y los proveedores habrían quedado muy confundidos y preocupados ante los niveles y las expectativas imposibles de mantener. Fue una dramática evidencia de lo poderoso que es formular las preguntas correctas y responderlas pronto.

Formula tantas preguntas como quieras, y de la forma que desees; luego hazlo lo mejor que puedas con lo que tienes. Ajusta tu estrategia antes de que cambie el viento, siempre teniendo en cuenta tus objetivos.

El trabajo consiste en formularse preguntas.
Siempre ha sido así; preguntarlas
tan inexorablemente como pueda.
Y afrontar la ausencia de respuestas precisas con una cierta
humildad.

ARTHUR MILLER

LA PREGUNTA DE WIENER

Gay Hendricks, un respetado psicólogo y amigo, cuenta la historia del poder que tienen las preguntas a la hora de solventar lo que puede parecer un desafío insalvable.

Hace muchos años, fui a cenar con Gregory Bateson, quien me contó cómo había creado la teoría del doble vínculo de la esquizofrenia. En una ocasión, había ido a visitar a Norbert Wiener, el gran científico de la cibernética del MIT.

Cuando le contó a Wiener que estaba trabajando con el tema de la esquizofrenia, Weiner contestó algo como: «Yo soy ingeniero y no sé nada sobre esquizofrenia, pero si quisiera construir una máquina que volviera esquizofrénica a la gente, ¿qué haría esa máquina?».

Bateson respondió rápidamente: «Construirías una máquina que castigara a la gente cuando tuviera razón».

Tan pronto como lo dijo, comprendió la estructura de la esquizofrenia.

El concepto de preguntar cómo generar el desafío al que te estás enfrentando va en contra de cómo pensamos habitualmente. Normalmente, nos centramos en formas para solucionar el problema, no en cómo se creó en primer lugar. Y ahí reside la magia de formular preguntas fuera de la mentalidad o del marco normal: plantear preguntas desde otra perspectiva abre la puerta a la naturaleza del problema.

Si entiendes la causa del dilema, tendrás una idea adecuada de cómo resolverlo. Descubrirás los elementos y las condiciones que produjeron ese escollo en primer lugar. Cuando reconocemos su mecanismo, podemos hallar una solución eficaz.

Vive ahora tus preguntas,
y quizá sin saberlo,
vivirás algún día lejano
tus respuestas.

Rainer Maria Rilke

Puntos de acción

1. No des nada por sentado.

2. Analiza la situación.

3. Recaba información y formula preguntas.

4. Integra la información y vuelve a analizar la situación.

5. Formula más preguntas.

6. Recaba todos los datos.

7. Planifica y haz una estrategia de las acciones.

8. Avanza atentamente y prepárate para modificar el camino a medida que surgen nuevas situaciones.

9. Sigue formulando preguntas constantemente.

Formula las preguntas correctas

CAPÍTULO ONCE

CUANDO ESTÉS HACIENDO ALGO, HAZLO AL CIEN POR CIEN

A LGUNA VEZ HAS OÍDO el viejo refrán inglés: «¿Cuál es la diferencia entre el bacon y los huevos? Que la gallina está interesada, pero el cerdo está comprometido». En la vida, al igual que en los negocios, dar el cien por cien crea una enorme diferencia. Gracias a Dios, nuestra forma de darlo todo no significa sacrificar nuestra vida, sino sólo estar presente y dedicado al proyecto en el que nos hemos embarcado.

Este paso,
elegir un objetivo y ceñirse a él,
lo cambia todo.

SCOTT REED

La constancia hacia un objetivo es a menudo la única variable entre el éxito y el fracaso. Thomas Edison es un ejemplo inspirador de alguien que se centró y trabajó diligentemente para alcanzar unos sorprendentes objetivos. Edison fue el responsable de desarrollar una importante tecnología en su época, tal como evidencian sus 1.093 patentes. En su época, Edison fue conocido como «el mago de Menlo Park».

Evidentemente, su invento más famoso fue la bombilla incandescente. Pero la fotografía, el kinetógrafo (una pequeña caja para ver películas), así como los inventos del contador en las bolsas, el telégrafo y el teléfono, también se le atribuyen a Edison.

A pesar de su inteligencia, Edison siempre atribuyó su increíble éxito a la dedicación y obstinación. Como creía en el trabajo duro y en su misión, a veces trabajaba hasta veinte horas al día [ESPADA/ERROR]. Su famosa frase: «La genialidad es un uno por ciento de inspiración y un noventa y nueve por ciento de sudor», nos indica que, por muy maravillosa que sea la idea o los factores que tengas a favor, siempre necesitarás estar totalmente atento a ello.

Edison lo dio todo en su búsqueda de nuevos descubrimientos, y fue recompensado con maravillosos resultados, así como con el respeto y la apreciación de todo el mundo. Como tributo a su contribución a la humanidad, todas las luces eléctricas de Estados Unidos disminuyeron durante un minuto, varios días, después de su muerte el 18 de octubre de 1931.

Existe un refrán zen: «Antes de la iluminación, corta leña y carga agua, y después de la iluminación, corta leña y carga agua». Cortar leña y cargar agua no son tareas muy emocionantes. Pero son tareas prácticas que se necesitan para convertir una visión en realidad. El significado que

```
        #10  03-25-2017 3:56PM
Item(s) checked out to LOPEZ, JUAN NOE.

DUE DATE: 04-15-17
TITLE: Cómo utilizar lo que tienes para
BARCODE: 33090006594123


              Main Library
    Renewal Line: 570-5496 or 570-5498
```

ese refrán tiene para mí es que, no importa lo emocionante o valiosa que sea la idea: tendrás que hacerlo. Contar con ese concepto y un plan no sirve para convertir esa propuesta en una realidad.

Cuando yo era pequeña y vivía en Hong Kong, era habitual oír la fábula del Anciano y la Montaña. Es una historia sobre el valor de ceñirse a una misión.

En una pequeña aldea de China, un anciano y su familia vivían en una casita que daba a una enorme montaña. Su familia había vivido allí durante generaciones. El pueblo experimentaba con frecuencia temporadas de sequía y escasez porque la montaña impedía que la lluvia y el sol llegaran a sus tierras. Un día, el anciano decidió que ya no podía vivir con esa montaña y la amenaza constante de pasar hambre. No quería que eso fuera un problema. Quería asegurarse de que su familia no sufriera escasez y hambre por falta de alimentos.

De modo que el anciano empezó a trabajar. Todos los días viajaba con sus cestos hasta el pie de la montaña, los llenaba de polvo y suciedad, recorría el pequeño sendero hasta el claro que había detrás de su casa, y vaciaba el cesto. Era una tarea ardua, calurosa y extenuante, pero cuando se comprometió con ella, la llevaba a cabo al cien por cien. Su familia le ayudó. Todos los días, después de acabar su trabajo en los campos, llenaban sus cestos de la tierra de la montaña, y la llevaban hasta detrás de su casita, donde la vaciaban a diario.

Poco después, los vecinos del pueblo se dieron cuenta de lo que estaban haciendo y acudieron en su ayuda. No escatimaron en palabras: «¡Estás loco!», le decían. «Esta montaña es enorme. Necesitarías varias vidas para moverla.» El anciano asintió con la cabeza. «Es cierto; no veré cómo cambia de sitio en esta vida, y mis hijos y nietos tampoco. Pero algún día, mi familia habrá conseguido dejar la montaña tras de sí.» [ESPADA]

La moraleja de esta historia es que, si la causa merece la pena, compensa llevarla a cabo. Los desafíos no deberían detenerte. Céntrate en tu objetivo y algún día recibirás tu recompensa. No desistas y trabaja al máximo de tus posibilidades. Alcanzarás tu sueño.

> *Los obstáculos son eso que nos da miedo*
> *y que ves cuando apartas la mirada*
> *de tu objetivo.*

HENRY FORD

UN ANUNCIO MÁS

Una perspectiva distinta sobre la continuidad de propósito queda ilustrada por el modo en que las industrias de internet y de *software* consideraban a los departamentos de marketing y ventas. Observé este nuevo concepto durante mi experiencia en estos sectores a finales de la década de 1990 y a principios de la década de 2000.

Muchas empresas de internet y *software* parecían creer en esos tiempos que lo único que tenías que hacer era anunciarte, y que las ventas llegarían por sí solas. Al parecer, olvidaban que las empresas tienen que disponer de productos buenos y útiles para atraer a los clientes, y que los productos deben establecerse según el valor que les otorgaba la empresa. Desde mi punto de vista, eso se trataba de un concepto básico en el mundo de los negocios, pero en esa nueva era de internet todo el mundo creía que esas normas no eran para ellos [ERROR].

Yo era presidenta de Fasturn en esa época, y las empresas de publicidad y relaciones públicas con las que trabajábamos nos decían que no nos anunciábamos lo suficiente. ¿Cómo podíamos esperar vender si no nos anunciábamos más? Nuestro modelo de negocio de construir herramientas valiosas de negociación comercial *on-line* parecía sumamente anticuado para esas nuevas y modernas empresas de publicidad y relaciones públicas. Y curiosamente, parecía que las otras empresas de internet y *software* creían lo mismo. Habían adoptado la creencia de que cuando habías anunciado y convencido a los posibles clientes de cualquier cosa, luego ya pensarías en venderles algo. Si los clientes querían otra cosa, les decías que estaba disponible mientras firmaban un contrato y luego trabajabas para producirlo.

No había ninguna misión ni propósito en estas empresas, salvo reunir más capital riesgo para continuar desarrollando ideas, anunciarlas, y ver cuál era la tendencia comercial del momento. Los empleados de esas empresas parecían convencidos de que, cuando consiguieran que un posible cliente se interesara por algo, le podrían prometer producirlo. Su compromiso con un proyecto era muy breve y dependía de la corriente del momento. Las empresas cambiaban de nombre y de estrategia comercial a los pocos meses. Los ingenieros y los técnicos recibían nuevos diseños constantemente.

No había un plan a largo plazo. Una empresa se anunciaba como una iniciativa de *business to consumer* (B2C) una semana, pero a la semana siguiente se anunciaba como un proyecto de *business-to-business* (B2B). Un día, el negocio de la empresa se basaba en productos de cierta parte de la cadena de producción, y otro se centraba en una parte totalmente distinta. Las tendencias cambiaban según el momento. La misión de una empresa no era un factor que se tuviera en cuenta.

Al parecer, la tranquilidad de los empleados tampoco era un factor que se considerara mucho. Esta forma de funcionamiento era muy estresante para los empleados de estas compañías. No había ninguna dirección clara ni ningún compromiso para seguir un camino concreto. Los empleados se sentían presionados porque tenían que ajustarse con frecuencia para tratar de ceñirse a la estrategia de la semana.

A los empleados se les persuadía con promesas de obtener enormes ganancias en *stock options* que les habían dado. No estaban comprometidos con el propósito de la empresa, sólo con el sueño de ser un equipo ganador. Puesto que la empresa no tenía un foco central, los empleados no tenían una misión con la que identificarse y, por tanto, tampoco se dedicaban por completo a la empresa. Los trabajadores procuraban solamente para ellos, una situación que no favorece la estabilidad, la colaboración ni la innovación [ERROR].

Gran parte del potencial para avanzar sustancialmente gracias al uso de internet se perdió por esta falta de pensamiento a largo plazo y compromiso. Nadie se dedicaba de lleno a ninguna causa, y aunque la gente trabajara dieciocho horas al día, gran parte de sus esfuerzos se perdían por falta de claridad y dirección. En vez de potenciar su experiencia y sus cualidades, muchas empresas realizaban constantes cambios de dirección y perjudicaban la credibilidad de los productos vendidos por internet. A lo largo de este proceso, se malgastaron muchos cientos de millones de dólares y también muchísimo esfuerzo.

Con el tiempo, como todos ya sabemos, la fiebre de las punto.com explotó. Pero sigue siendo un ejemplo muy gráfico de cómo la falta de misión y dedicación a un camino concreto puede destruir un posible valor. De las más de doscientas empresas que se dedicaban a la tecnología de gestión de cadenas de montaje, y que empezaron más o menos al mismo tiempo que Fasturn, menos del diez por ciento existen en la actualidad. Desgraciadamente, muchas de estas empresas nuevas tenían buenas ideas, pero sin la perseverancia y la dedicación a un objetivo, no podían tener éxito. El resto de nosotros nos perdimos el beneficio de estos productos y servicios debido a su falta de enfoque y tenacidad.

> *La persona que tiene éxito en la vida*
> *es quien ve continuamente su objetivo*
> *y avanza hacia él sin dudarlo.*
> *Eso es dedicación.*

> Cecil B. DeMille

A lo largo de mi carrera, las divisiones que he dirigido solían estar a miles de kilómetros de distancia. La gente me decía lo interesante que debía ser mi vida: partía de Estados Unidos un día para viajar a Seúl, luego me dirigía a Shenzhen y a China al cabo de dos días.

En realidad, mis viajes eran una receta de tontos que sólo servía para dormir mal y estar cansada debido al *jet lag* y a las largas jornadas de trabajo. Yo sobrevivía a estas situaciones porque consideraba cada lugar como otro paso y otra oportunidad para hacer un progreso directo hacia mi misión. Puesto que estaba comprometida con mi propósito, quería prestar la máxima atención a mi trabajo.

Mis logros profesionales se deben, en parte, al compromiso total que siempre he adquirido con la empresa para la que trabajaba. Cuando estás realmente presente, eres consciente de todos los elementos que pueden influir en una situación. Cuando te mantienes alerta en todos los aspectos de las circunstancias, puedes responder adecuadamente y tomar decisiones más efectivas e informadas.

Dedicarte totalmente a un trabajo o a una situación no significa que debas tener únicamente un foco [ERROR]. Bajar la cabeza y seguir haciendo cosas de la misma manera, sin descansar, no te dará resultados brillantes ni innovadores. Corres el riesgo de quemarte, de no utilizar tu creatividad, y de no ser consciente de información o de recursos que te podrían ayudar.

En toda situación profesional o privada, siempre hacía lo mejor para mantener un equilibrio en mi vida: aprender a dormir en los aviones, a realizar estiramientos en las habitaciones de los hoteles, seguir una dieta saludable, meditar a diario, o escribir mensajes de correo electrónico a familiares y amigos. Estas actividades, entre otras, son muy importantes para tu trabajo y para seguir una vida saludable y equilibrada.

SÁNATE Y SANA AL MUNDO

Llevar una vida equilibrada y saludable es fundamental para obtener resultados brillantes. No puedes estar comprometido con tu trabajo si estás cansado o te preocupa otra cosa. Parte de ti seguirá ocupado con tu agotamiento, aunque trates de contrarrestarlo.

El letrero que hay en los aviones es perfecto en este sentido: «Póngase la máscara de oxígeno antes de ayudar a los demás». Si no cuidas de ti, en realidad no estás preparado para ayudar a los demás. No puedes dar el cien por cien si existe una fisura en tu organismo, al igual que un cubo con una grieta no puede llenarse del todo.

> *La hierba no siempre es más verde*
> *al otro lado de la valla.*
> *La hierba es más verde cuando se riega.*
> *Cuando cruces vallas, llévate agua*
> *y riega el césped siempre que puedas.*

ROBERT FULGHUM

Cuando trabajaba en Aveda, me di cuenta claramente de ello con los empleados que creían apasionadamente en la misión de la empresa, el entusiasmo y el compromiso con el trabajo, que siempre era intenso. Los empleados de Aveda trabajaban mucho y hablaban de la empresa y de sus productos. Eran ardientes defensores de Aveda [SOCIO] y querían compartir los beneficios y la bondad de la filosofía de la empresa así como de sus productos [SOCIO] con tantas personas como pudieran. A veces, algunos empleados entraban a trabajar temprano y salían muy tarde para acabar sus proyectos.

Si pasaba por las oficinas por la noche, veía que la mayoría de luces estaban encendidas. Había equipos enfrascados en discusiones sobre cómo utilizar los distintos aceites esenciales en los productos, cómo transmitir el mensaje de curación a los consumidores y cómo crear nuevos productos que respondieran a las necesidades de los clientes. Algunos científicos de Aveda probaban la eficacia de diversos componentes vegetales para fines curativos a altas horas de la madrugada.

Inspirados por las historias sobre la dedicación y la actitud comprometida del fundador de la empresa, trataron de imitar el espíritu emprendedor de Horst, dejando de lado cualquier otro aspecto de sus vidas. Estaban tan centrados en sus tareas, que a veces no eran capaces de incorporar nuevos datos o trabajar en colaboración con otras personas. Algunos de ellos tomaron una parte limitada de la historia de Horst y la convirtieron en la única opción.

Como resultado de este proceder, los empleados generaban nuevos productos, pero no necesariamente mejores para la empresa. A veces, esos productos eran demasiado específicos para ser recibidos de forma general por los consumidores. Su foco era muy limitado, como el de sus creadores.

Cuando llegué a la empresa, descubrí que había mucha rotación de personal. Los trabajadores se quedaban una temporada, se comprometían de lleno con el trabajo, pero luego, poco a poco, y sin dar muchas explicaciones, se iban. Era una tendencia sorprendente y preocupante. Horst y yo queríamos dar a esas personas que tanta energía y cariño invertían en la creación de productos el mismo cuidado y la misma consideración que ellos aportaban.

Descubrimos que las personas entraban en la empresa con grandes ideales. Estaban enamorados de la misión de producir artículos que fueran buenos para el interior y el exterior del ser humano (aparte de saludables para el planeta), junto con el hecho de que Aveda, además, pagaba bien a los empleados, todo lo cual resultaba en un lugar ideal para trabajar. Su deseo de contribuir a esta visión era tan intenso que algunos de los trabajadores olvidaron otras facetas de su vida, como la salud personal, sus familiares y sus amigos [ERROR].

Este enfoque tan singular creaba mucha tensión en sus vidas. En poco tiempo, dejaban de ser tan productivos o felices como cuando entraron a trabajar. Como resultado de ello, su trabajo se deterioraba. Algunos se daban cuenta de lo que estaba pasando, y lo remediaban. Pero otros caían en una espiral descendente hasta que un día decidían dejar la empresa. La alegría y la pasión que tenían cuando entraron a trabajar había sido consumida por una miope concentración en vez de centrarse en el conjunto. Era una pérdida para todos: para el empleado, para su familia y para la empresa.

Cuando nos dimos cuenta de lo que estaba pasando, reunimos al equipo para hablar del tema y cambiar el entorno, de modo que pudiéramos nutrir la creatividad y la productividad de cada empleado [VERDAD]. Quienes aprendieron a equilibrar sus vidas compartieron su experiencia con el grupo, y todos los participantes crearon una estrategia que apoyara a todo el equipo.

Se aprobaron varias iniciativas. Se organizaron clases de yoga a la hora del almuerzo. Exploramos la manera de facilitar guarderías. Se hicieron propuestas para el desarrollo de oportunidades profesionales y personales. Se alentó a los trabajadores a involucrar a sus familias y amigos en el progreso de la compañía. Se ampliaron las zonas de relajación, de contemplación y de ejercicio tanto dentro como fuera de las oficinas. También se les ofrecieron otros espacios donde intercambiar ideas y relacionarse. Se situaron unos buzones de sugerencias en distintas partes del edificio [VERDAD] y los comentarios y las acciones de la empresa se incluyeron en el boletín interno para que otros empleados lo leyeran y respondieran a ello. (Aveda ya cuenta con una deliciosa cafetería con productos biológicos para que todo el mundo pueda disfrutar de comidas saludables y baratas. Queríamos que el equipo [SOCIO] sintiera que era alimentado a nivel de cuerpo, mente y espíritu.)

Felizmente, puedo atestiguar que los beneficios de estos programas fueron sumamente positivos y gratificantes. La rotación de personal se redujo radicalmente, mejoró el rendimiento y la productividad de los empleados, y la compañía registraba un mayor nivel de optimismo. Los empleados trabajaban mucho y estaban presentes en toda la jornada laboral. No se sentían cansados ni preocupados sobre sus vidas privadas, puesto que ya no sacrificaban estos aspectos de su vida por el bien de la empresa. El absentismo se redujo y la comunicación con nuestros clientes se tornó más fluida.

Al poco tiempo, cuando me disponía a irme por la noche, la mía era la única de las pocas luces que quedaban encendidas. Era mi forma de crear un equilibrio en mi vida: trabajar mucho durante dos semanas, y luego disponer de mayor flexibilidad trabajando desde casa. El equilibrio entre vida personal y profesional se convirtió en un modelo para Aveda. Tal y como yo esperaba, la empresa creció más rápido cuando empezamos a vivir realmente la filosofía de honrar al ser integral; las ventas de la empresa y los empleados se beneficiaron de ello.

Como puedes ver, necesitas algo más que esfuerzo para cumplir tu misión. Requiere dedicación a un propósito junto con un reconocimiento de la totalidad de tu ser y de tu vida. Trabajar mucho y diligentemente sobre un objetivo es muy importante, pero también lo es respetar un equilibrio en otros aspectos de tu vida: la salud física, la salud emocional, la salud espiritual, la familia y los amigos.

Puntos de acción

Cuando te comprometas con una misión, dedícate al cien por cien a ello. Pero recuerda que debes mantener un equilibrio en tu vida:

1. Alinéate con tu misión.

2. Define tu empresa.

3. Determina la viabilidad de la estrategia.

4. Asegúrate de que tu plan se corresponda con tu propósito.

5. Reúne los recursos para que tu plan se convierta en realidad.

6. Comprométete al cien por cien con tu proyecto.

7. Recuerda que debes mantener un equilibrio en tu vida.

8. Persevera y ajústate con nueva información.

9. Diviértete a lo largo de este proceso.

Cuando estés haciendo algo, hazlo al cien por cien

CAPÍTULO DOCE

No seas el
del «todo o nada»

Ten visión, pero sé flexible

D ESPUÉS DE CASI CUATRO AÑOS de trabajar
en Hong Kong con Britannia Sportswear, tuve
suficiente. Ya estaba preparada para abandonar
Hong Kong y volver a casa en Estados Unidos. El trabajo
era cada vez más frustrante. La alegría y la satisfacción que
en su tiempo sentí por estar trabajando bien y de forma
útil ahora parecía algo imposible de lograr.

La empresa había crecido mucho de tamaño, de volumen de negocio y de plantilla a lo largo de los años,
pero el mercado cambiaba rápidamente, lo cual ponía en
duda la estructura de la empresa. Las tendencias de la
moda cambiaban. Nuevos competidores entraban en el
mercado que Britannia había cultivado tan cuidadosa-

mente. Y cada vez era más difícil predecir los nuevos tejidos, estilos, colores y cantidades de productos que comprarían los minoristas.

Cuando las divisiones de Britannia empezaron a luchar por su supervivencia, comenzaron a competir entre sí en vez de colaborar como empresa [ERROR]. Cada uno exigía una atención especial y ampliaciones de los plazos.

Puesto que nuestro equipo de Hong Kong era el centro de producción y desarrollo de toda la operación, recayó sobre nuestras espaldas lidiar con las peticiones contradictorias de las distintas divisiones. Un día, recibíamos un pedido para teñir de azul claro un millón de metros de tela de algodón, otro día una división pedía cambiar la mitad del pedido para que el tejido se tiñera de un azul más oscuro, y otra división nos pedía otro tono. Decidir quién tenía la última palabra sobre estos temas era un debate constante; cada división quería asegurarse de tener la tela que querían para su producción. Todas exigían poder.

Volver a las fábricas de tintes y de telas para pedir otra modificación en nuestros pedidos y pedirles amplificaciones de nuestros compromisos supuso un cambio de fechas de entrega. También la ética del trabajo estaba cambiando. Los compromisos adquiridos con los fabricantes se olvidaban a conveniencia. Las fábricas estaban bajo presión para que rebajaran cada vez más los precios y sus entregas fueran más rápidas a cambio de continuar con la relación contractual. Nuestra credibilidad como empresa, así como mi reputación personal, estaba siendo erosionada con cada promesa incumplida y cada cambio ilógico de planes.

Trabajar para la empresa empezó a corroer mis entrañas. Sabía que ya no se correspondía con mi misión. Como rostro para muchas de las empresas y fabricantes con quienes trabajábamos, me sentí incómoda al tener que llevar a cabo instrucciones que entraban en conflicto con mi ética de juego limpio y honestidad. Así que decidí dimitir. Volvería contenta a California para buscar un nuevo trabajo [ESPADA].

Cuando me reuní con el consejero delegado para pedirle mi dimisión, me formuló numerosas preguntas. Le conté honestamente por qué me iba y le ofrecí soluciones [VERDAD] sobre cómo aliviar la tensión que estaba creando la empresa.

Para mi sorpresa, el hombre coincidió con muchas de mis valoraciones, pero también reconoció que sería muy complejo cambiar todo eso de repente. Había muchos egos implicados y no quería poner en peligro a su empresa al posicionarse en alguna dirección. Fue un momento triste para mí; creí que se dejaba pasar una oportunidad para hacer las cosas bien.

Cuando le comenté que volvía a California, me sorprendió con una oferta para empezar una nueva división en Los Ángeles. Aunque no se veía capaz de cambiar las ramas existentes de la empresa, sí quería que yo aplicara mi visión y mi filosofía para comenzar una nueva división. Puesto que yo sólo quería dejar la empresa por los crecientes problemas éticos y filosóficos que se estaban gestando, su oferta resolvió claramente mi conflicto.

La división que me ofreció produciría zapatillas que conjuntaran con la ropa de Britannia. Se llamaría Brittsport Shoes. Me permitiría revitalizar mis antiguos contactos en el sector de las zapatillas, utilizar mis conocimientos de este campo, y también infundir nueva energía a Britannia con una nueva línea de productos. Era una situación beneficiosa para todos.

Me emocionó recibir una oportunidad para marcar la diferencia. Lo vi como una oportunidad para participar en

No seas el del «todo o nada»

una regeneración de la empresa e incluso mejorar las difíciles relaciones con los vendedores, que en su tiempo habían sido tan sólidas.

Si me hubiera empeñado en dejar la empresa, no hubiera tenido la flexibilidad suficiente para ver que ésa era una buena oportunidad. No tenía que abandonar la empresa para cumplir mi sueño. Ser capaz de escuchar e incorporar nuevos datos a mi plan, me brindó la opción de continuar para hacer todo lo posible para restablecer la antigua reputación de Britannia.

La vida cambia continuamente. Si te mantienes centrado en lo que crees, puedes adaptarte a las circunstancias, y no dejar que las condiciones externas te hagan desviar de tu camino e impidan que logres tus objetivos. Permanecer anclado en tu propósito [ESPADA] te permitirá decidir cómo integrar los nuevos factores a tu proceso de toma de decisiones.

ADAPTABILIDAD DE ALTO OCTANAJE

Nadie depende más de su capacidad para adaptarse a los cambios, mientras permanecen centrados en un objetivo, que los conductores de coches de carreras. Puesto que Britannia diseñaba y proporcionaba los monos de los equipos Flying Tiger, tuve la oportunidad de ver carreras desde los *boxes* en el Gran Premio de Macao, así como preguntar a los conductores qué significaba dar tanto por sus objetivos.

Me sorprendió la rapidez mental, la habilidad y el aplomo de los conductores. Solía quedarme perpleja ante esas carreras, y sentía miedo y emoción al estar tan cerca de esas máquinas que corrían a tanta velocidad, ladeando las curvas hasta el punto de poder perder el control. También me tapaba los oídos por el ruido ensordecedor de los motores, y me inquietaba tener que oír el sonido aterrador de un frenazo brusco y el crujido de la carrocería. Fue un modo agotador pero emocionante de pasar unos días.

Lo más sorprendente de estas hazañas de velocidad y control fue el increíble enfoque y determinación de los conductores. Estos corredores de primera clase arrancaban con un fuerte impulso y recorrían la pista a velocidades escalofriantes.

Cuando les pregunté cómo eran capaces de hacerlo, puesto que cada vez que se ponían detrás del volante corrían el riesgo de morir, sus palabras contenían un mismo tema que no debió haberme sorprendido. Dijeron que estaban presentes, alertas, centrados sobre el objetivo y dispuestos a ajustarse en cada momento. Y cada uno de ellos tenía claro que, si no les gustara lo que hacían, no valdría la pena correr tantos riesgos.

Tanto si estás corriendo en un Gran Premio, como tratando de levantar tu negocio, o llevar una vida más enriquecedora, puedes aplicar los mismos conceptos:

ESTAR PRESENTE Y ALERTA

Independientemente de lo que hagas, compensa ser consciente de todos los factores implicados. Cuán atento estés a ellos determinará si captas aspectos vitales para tu proyecto o si los pasas por alto. Permanecer alerta a todas las señales puede marcar la diferencia entre el éxito y el fracaso.

Si un conductor de un Gran Premio no estuviera atento por un instante, quizá pasara por alto que un coche le va a adelantar. Y si girara inadvertidamente hacia ese lado, el error podría ser fatal para ambos pilotos.

Permanecer alerta y atento significa tener en cuenta todos los factores que podrían influir en el resultado de un plan. En nuestra vida cotidiana, un suspiro, una mirada o un comentario de pasada pueden ser indicadores que revelen cómo un debate o una negociación se está desarrollando. Una variación inesperada de la producción, de la entrega o de las ventas, pueden ofrecerte datos importantes sobre la tendencia o viabilidad del proyecto. Todo está allí, si prestas atención a las señales estando presente y alerta.

CÉNTRATE EN EL OBJETIVO

En estos momentos, ya sabes que este aspecto es fundamental. Si careces de objetivo, de misión, si siempre «haces» sin tener ningún tipo de plan ni razón de ser, no habrá ni pasión ni dedicación en el proyecto que estés llevando a cabo. Si el piloto de carreras no tuviera la determinación de ganar la carrera, tendría pocos incentivos para practicar, crear estrategias y mantenerse en buena forma física. Lo mismo se aplica a ti.

Cuando hayas encontrado tu misión, comprométete con ella. Luego, deja que todas tus acciones refuercen ese enfoque en tu objetivo.

ESTAR PREPARADO PARA AMOLDARTE EN UN INSTANTE

Cuando el piloto de carreras toma una curva y se prepara para acelerar en las rectas, se prepara para cualquier eventualidad. Un coche volcado puede bloquear el paso, o puede que la vía esté despejada y eso le permita apretar el acelerador y ganar a sus competidores. Es posible que utilice esa ventaja como una oportunidad para entrar corriendo a los *boxes* y arreglar el coche antes de continuar. El piloto siempre está preparado para modificar sus planes a medida que le va entrando nueva información.

Al igual que el piloto, mientras avanzas en tu camino, siempre debes mantener la mirada puesta en el objetivo, y a la vez estar dispuesto a amoldarte a lo que sea preciso. Estar preparado y ser flexible te ayudará a recuperarte de los cambios inesperados e incluso aprovecharte de las nuevas circunstancias que surjan. Si no tienes en cuenta la naturaleza cambiante de la realidad, sólo crearás desengaños y frustraciones, puesto que la solución de ayer es posible que no resuelva el problema de hoy.

Adora lo que haces, o no merecerá la pena asumir el riesgo

El piloto de carreras siente tal pasión hacia ese deporte que está dispuesto a correr los riesgos que hagan falta, aunque eso le cueste la vida. ¿Cuánta pasión tienes hacia tu trabajo? ¿O hacia tu vida?

Todo lo que hagas en la vida implica una elección. ¿Por qué no elegir algo que se corresponda con tu misión? Es una forma de asegurarte de que estás en el camino correcto de tu misión. De lo contrario, es muy probable que te quede la sensación de haber pagado un precio muy alto en cuanto a precio, energía y recursos para hacer algo que no te ofrece paz interior.

PUNTOS DE ACCIÓN

1. Céntrate en tu misión.

2. Evalúa la estrategia actual para asegurarte de estar alineado con tu misión.

3. Ajusta tu plan si es necesario.

4. Dedícate de lleno a perfeccionar tus medidas de acción.

5. Disfruta y aprende del proceso actual.

6. Enorgullécete del lugar donde te encuentras y de lo que estás haciendo.

A medida que avanzas en la vida, hermano/a,
sea cual sea tu objetivo,
mantén la mirada puesta en el donut,
y no en el agujero.

LETRERO DE LA CAFETERÍA MAYFLOWER,
CHICAGO

CAPÍTULO TRECE

OLVÍDATE DE LOS TECHOS DE CRISTAL, PREOCÚPATE DE LAS PAREDES DE CRISTAL

LOS TECHOS DE CRISTAL son barreras para el éxito de las mujeres y de otras minorías. Como soy una mujer y pertenezco a una minoría, os voy a contar que no son los techos de cristal lo que os debería preocupar, sino las paredes de cristal.

El sendero hacia el éxito siempre avanza de forma sinuosa, nunca verticalmente. Si te has formado en una sola área, o tienes experiencia sólo en ella, no podrás ascender a ningún puesto de responsabilidad dentro de una empresa. Cuanto más alto asciendas, más necesitarás una comprensión diversa y completa de toda la operación. Cuando llegas a la cima (ya has traspasado el «techo de cristal»), significa que ya has superado todos los muros de cristal de las distintas áreas operativas de una empresa.

CARLY S. FIORINA, CONSEJERA DELEGADA DE HEWLETT-PACKARD

Fijémonos en la carrera de la mujer que ha sido considerada por la revista *Fortune* como «la mujer más poderosa de la industria estadounidense» durante los años 2000-2002, y veamos cómo llegó a la cima. Carly S. Fiorina era la consejera delegada de Hewlett-Packard (HP), que después de su adquisición de Compaq Computer Corporation ha registrado unos beneficios de aproximadamente ochenta y un mil millones de dólares en el año fiscal de 2001, con operaciones en más de ciento sesenta países.

Para llegar a ese puesto, Carly necesitaba tener una enorme versatilidad. Pero Carly ya estaba acostumbrada a ella. Tuvo que aprender a ajustarse a una variedad de situaciones desde muy joven. Cuando era pequeña, su familia se mudaba con tanta frecuencia que fue a cinco institutos de secundaria distintos. Aprendió la capacidad de adaptarse al cambio y logró ser muy buena estudiante. Después de licenciarse en historia medieval y en filosofía, Caryl cursó un MBA, y luego un máster en ciencias. A lo largo de sus estudios, fue adquiriendo la capacidad de juzgar así como diversas habilidades que la prepararon para el éxito comercial.

En su historial laboral previo a su puesto máximo en HP, trabajó casi veinte años en AT&T y Lucent. Pero durante todos esos años fue avanzando de forma lateral en distintas divisiones de la empresa, al tiempo que escalaba puestos. Empezó su carrera en AT&T como ejecutiva de cuentas y avanzó rápidamente, puesto que se forjó la reputación de saber utilizar bien las técnicas de marketing y ventas.

Después de hacer un buen papel en los negocios principales a largo plazo de AT&T, hizo un cambio radical y pasó a Network Systems Group, el negocio adormecido de producción de telefonía. Mientras trabajaba allí, amplió sus conocimientos de la industria de las telecomunicaciones y destacó en un área que siempre había sido discreta. En realidad, destacó en todos los sectores de la empresa. Pasó a ser la primera responsable femenina de AT&T a los 35 años, y dirigió las operaciones de la empresa en Norteamérica a los 40 años.

Después, como presidenta de Lucent's Global Service Provider Business, incrementó de forma espectacular su tasa de crecimiento, sus ingresos internacionales y la cuota de mercado en todas las regiones de todas las líneas de producto. Además, dirigió la planificación y la ejecución de la oferta pública inicial de Lucent's en 1996, así como la de la subsiguiente ramificación de AT&T, una de las mayores y más exitosas OPI de la historia.

Según *Business Week Online*, cuando los dirigentes de HP estaban buscando un nuevo consejero delegado, cada miembro del comité de investigación detalló veinte cualidades que querrían ver en el nuevo consejero delegado. Lo redujeron a cuatro criterios esenciales que encajaban perfectamente con la diversa formación y experiencia de Caryl: «La capacidad para conceptuar y comunicar estrategias de gran alcance, entender las operaciones para cumplir los objetivos financieros trimestrales, la capacidad de aportar el sentido de urgencia a una organización y las habilidades directivas para estimular una nueva visión electrónica de la empresa».

El comité elaboró un listado con trescientos posibles candidatos. «Caryl era la mejor», asegura Sam Ginn, el presidente del comité de nombramiento y gobernabilidad del consejo de administración. «Vimos que podría ser la Consejera Delegada de HP durante mucho tiempo.»

La razón por la cual Caryl ganó a 299 candidatos se debe, en parte, a su habilidad para aceptar nuevos desafíos, evaluar rápidamente la situación y diseñar soluciones eficaces. Tiene la capacidad para dirigir e integrar datos de una amplia variedad de fuentes porque cuenta con una gran experiencia debido a todos los departamentos y secciones en los que ha trabajado. Su historia a la hora de cruzar las paredes de cristal le dio la diversidad y la profundidad de conocimiento para dirigir, gestionar e inspirar una empresa internacional. Ella es un claro ejemplo de cómo una persona puede atravesar un techo de cristal porque ya ha aprendido a hacerlo (atravesando primero las paredes de cristal).

DE LA ROPA DE MODA A LOS POTES Y CAZUELAS

Si observo mi carrera, puedo observar cómo mi sed de aprendizaje y superación en una amplia variedad de áreas me ha ayudado a destacar frente a otras personas con una opinión más estrecha, aunque más profunda, de un campo en particular. Creo que mi deseo de hacer algo nuevo ha sido muy útil a la hora de avanzar en mi carrera. De hecho, creo que esta misma aspiración para ser diferente y hacer cosas atípicas fue lo que me impulsó en mi primer empleo en los almacenes May de California.

Durante la entrevista, me preguntaron en qué departamento del almacén estaba interesada. Como no quería dar la impresión de que ignoraba por completo el negocio minorista, traté de dar una respuesta que pareciera más meditada de lo que había sido. (Me entrevistaban para entrar en el período de prácticas. Puesto que jamás me habían entrevistado para un puesto de trabajo profesional, pensé que estaría bien hacer prácticas en una empresa cuyo sector no conociera. De esa forma, no perjudicaría mis opciones de entrar en una empresa cuyo sector me interesara.)

Mientras reflexionaba en la pregunta del entrevistador, me hice una idea de cómo serían los típicos departamentos de unos grandes almacenes. Como era joven, creí que la opción más evidente sería el departamento de ropa juvenil, donde yo me compraba la ropa. Pero sospeché que esa respuesta les parecería demasiado predecible y poco imaginativa. La otra área que conocía era el departamento donde se vendían grabados exóticos, hermosos cristales y objetos artísticos de calidad. Solía pasearme por esa zona y preguntarme cómo llegaban allí esas extrañas artesanías del extranjero. Pensando que sería un lugar apropiado en el que aprender algo, solté: «¡Objetos para el hogar!». (Luego descubrí que ese departamento se dedicaba a vender potes y cazuelas.)

Sin embargo, a pesar de mi confusión, mi interés por trabajar en un departamento inesperado me hizo destacar respecto al resto de solicitudes, y me dio una ventaja. Una de las monitoras del programa de formación de ejecutivos May dijo que le sorprendió que eligiera ese departamento como mi opción preferida. Me comentó que le llamó la atención y que quiso conocer más de mí.

Después de ingresar en el programa de formación de ejecutivos, continué buscando una amplia gama de experiencias. Trabajé en el departamento de ropa económica, en la sección de ropa para el hogar, en la de ropa juvenil, en la de vestidos de fiesta, en la de pantalones, y en la de ropa y calzado deportivos. Como tenía ganas de aprender cómo funcionaban los entresijos de unos grandes almacenes, también me dediqué a mover carteles y paletas de artículos; a diseñar la distribución de las plantas; a tratar con el almacén y la recepción de mercaderías; trabajé en el departamento financiero, en los departamentos de marketing y publicidad; me incorporé al departamento de compras, y poco a poco me fui especializando en la compra, el diseño y la importación de mercancías. A lo largo de ese proceso, desarrollé mis habilidades directivas, y descubrí cómo motivar y atraer a los demás en una misión común.

En esa época, Britannia Sportswear me ofreció un puesto de trabajo en Hong Kong para crear un departamento de diseño y desarrollo para esa empresa internacional de vaqueros. Estaba preparada y ansiosa por tener la oportunidad de aprender algo nuevo, mudarme a otro país, así como obtener nuevos conocimientos y habilidades. Britannia se interesó en mí porque ya había demostrado, en mi relativamente joven carrera, que era una mujer capaz y estaba dispuesta a aprender, a adaptarme y a innovar para crear soluciones brillantes que se correspondieran con los objetivos de la empresa.

Al pasar del negocio minorista al diseño y producción de Britannia Sportswear, añadí una dimensión adicional a mi base de conocimientos. Ser capaz de trabajar en los dos campos me ofreció un recurso muy valioso en dos industrias distintas. Dentro de esas industrias, he ocupado con éxito una multitud de puestos: administración de almacenes, compra al detalle, diseño, producción, importación, exportación, planificación de producto, marketing y ventas. En mi búsqueda por aprender y mejorar, he realzado mi valor para cualquier posible cliente, así como para mí misma como emprendedora.

He buscado y analizado toda nueva oportunidad preguntándome si me encamina hacia mi objetivo de mejorar y aprender habilidades. Como busco mejorarme, me he ofrecido voluntaria para ayudar en otros departamentos, siempre formulando preguntas y observando cómo los demás logran el éxito. Siempre estoy disponible para buscar y absorber sus conocimientos y experiencia.

Para mí, el fracaso es sólo una señal de que debe haber otra manera de cumplir mis objetivos. Avanzo hacia delante. Con mi misión como ancla [ESPADA], toco tierra y estoy dispuesta a intentarlo otra vez. Considero todo puesto como un lugar para aprender, para adquirir experiencia, y dar el cien por cien a la empresa que ha confiado en mis capacidades para desempeñar ese trabajo por ellos.

Cuando observo mi carrera, estoy agradecida por la oportunidad de haber participado en una amplia variedad de negocios. Esta amplia base de experiencias me ha otorgado la perspectiva estratégica para evaluar una situación e integrar múltiples fuentes de datos y crear una estrategia funcional y efectiva, así como atraer a otras personas hacia esa misión. Como he participado en numerosos proyectos (desde *start-ups* a multinacionales, desde éxitos sonados a operaciones difíciles) estoy preparada para responder con urgencia y sensatez al proceso de toma de decisiones, ejecutando siempre mis tareas en el marco de tiempo oportuno.

La amplia variedad de industrias minoristas y mayoristas dedicadas a la ropa, al calzado, al hogar, a internet, a la publicidad y al *software* con las que he tenido la suerte de trabajar, me han dado mucha experiencia. Los techos de cristal no son tan difíciles de romper si cuentas con el equipamiento y las herramientas correctas.

En el siglo XXI, las personas tendrán una media de seis trabajos a lo largo de su vida. Prepárate para aprender, crecer, y pasar de un departamento a otro, de una división a otra, de una empresa a otra, y de una industria a otra. Hazlo lo mejor posible en cada puesto que ocupes, da el cien por cien, aprende, colabora, crea, innova, inspira, comparte y disfruta del viaje.

Puntos de acción

1. Haz un repaso de tu misión, de tus objetivos y de las habilidades que necesitas para alcanzarla.

2. Haz un inventario de tu base actual de conocimientos y habilidades.

3. Aprende y destaca en tu campo de trabajo.

4. Pide el apoyo y la orientación de tus mentores y de otros líderes sabios.

5. Piensa en qué áreas de la empresa puedes contribuir y participar.

6. Añade valor al campo (o campos) identificado(s) con una participación activa.

7. Trata de pasarte a sectores en los que no hayas tenido mucha experiencia.

8. Repite los pasos 3, 4 y 5 hasta que adquieras toda la base de conocimiento crucial para tu objetivo.

9. ¡Disfruta del trayecto hasta la cumbre!

Todavía estoy aprendiendo.

Miguel Ángel

CAPÍTULO CATORCE

No esperes a saber cómo hacer algo

Apréndelo por el camino

LGUNA VEZ HAS DICHO «haré esto cuando...», por ejemplo, «sepa hacer esto realmente bien», o «haya practicado otros seis meses», o «esté del todo preparado». Estas frases tienen en común que la persona espera hacer algo después, cuando se sienta más seguro y preparado [ERROR].

No esperes. Hazlo ahora. Nunca estarás tan preparado como crees que debes estar. Siempre te sentirás un poco inquieto cuando te enfrentes a un desafío, tanto si es la primera vez como la decimoquinta. Es natural y de hecho deseable (un poco de adrenalina siempre te mantiene alerta y sintonizado con tu actividad). Haces las cosas mejor bajo un poco de presión, y peor cuando tu actitud es complaciente.

Sé que estás pensando: «Pero no lo entiendes. Me quedo paralizado de miedo cuando tengo que hablar delante de grupos». O, «si no estoy del todo preparado para este nuevo puesto, fracasaré miserablemente». Entiendo esas reacciones, pero insisto en que nunca estarás preparado para algo hasta que lo empieces a hacer.

Loretta LaRoche, asesora y autora muy conocida sobre gestión del estrés, recomienda hacer las actividades que te gustan y no obsesionarte con los detalles. Ella tituló su libro *La vida no es un ensayo de tensiones: incorporar la sabiduría saludable de ayer al mundo enfermo de hoy en día.* Creo que el título lo dice todo.

> *Nunca tengas miedo de probar algo nuevo.*
> *Recuerda que unos aficionados construyeron el Arca;*
> *unos profesionales construyeron el Titanic.*

> Anónimo

Cuando estás centrado en tu misión y entiendes toda la situación, las cosas que podrían inquietarte se vuelven más cómodas de abordar. Cuando existe una profunda razón de ser, el proceso de llegar a donde quieres se torna más asequible. Esta ha sido mi experiencia a lo largo de los años. Cuando tengo una causa con la que estoy comprometida, lograrla se convierte en algo más importante que los obstáculos que encuentre en el camino.

Todos hemos leído acerca de personas que logran hazañas impensables cuando hay algo muy importante en juego, como una madre que levanta un coche para sacar a su hijo de debajo de las ruedas. Normalmente, ella no tendría esa fuerza, pero supera ese obstáculo en virtud de algo mucho más importante para ella, por eso no piensa en el obstáculo. Su misión es salvar al hijo y eso significa más para ella que las ideas convencionales acerca de medidas, peso y fuerza.

¿Cómo puedes aplicar esta sabiduría a tu vida y a tu trabajo cotidianos? Sabiendo que cuando estás centrado en tu misión, destacas mucho más de lo que tus temores te harían creer. Para tener éxito y crecer en el trabajo o en otros aspectos de tu vida, tienes que asumir riesgos: riesgos calculados y bien analizados.

SIGUE LA MISIÓN, SÁLTATE UN CURSO

Desde que descubrí mi misión a los once años, siempre me he enfrentado a nuevos desafíos hacia mi objetivo al tiempo que era consciente de mis temores. Analizaba toda decisión y acción importantes pasándolas por ese filtro.

Como soy una persona impaciente, quería empezar a marcar diferencias lo antes posible, pero los años de escolarización parecían alargarse eternamente. Como decidí que intentaría acortar mi proceso de formación, empecé a buscar otras opciones. Cuando una compañera mía de clase se cambió a otra escuela que alegaba acelerar el proceso educativo, me apunté allí de inmediato.

Solicité entrar en un curso superior al que me correspondía. Como tenía muchas ganas de salvar al mundo, cuanto antes acabara mis estudios, mejor. Saltarme un curso me parecía una decisión acertada. Pero luego me asaltaron los temores. ¿Y si era muy difícil y no era capaz de seguir las clases? ¿Cómo podía salvar al mundo si no aprendía bien las cosas? Después de estudiar en colegios femeninos, ¿cómo me comportaría con los chicos de mi clase? ¿Qué pensarían mis padres cuando les informara de que me había apuntado en otra escuela?

No sólo temores, sino que había varios argumentos de peso que desaconsejaban el cambio de escuela. Pero estaba dispuesta a asumir el riesgo en aras de alcanzar antes mi sueño. Estudiaría mucho y me adaptaría al nuevo entorno si me aceptaban en esa escuela. Mis padres deberían estar orgullosos de que tratara de mejorar mi educación. Me sentía fuerte y centrada sabiendo que, fuera cual fuese el resultado, estaba siguiendo el camino correcto para mí. Al perseguir mi misión y aprovechar la oportunidad de acelerar el proceso, también escuchaba a mi sabiduría interna y hacía lo que sentía [ESPADA].

Afortunadamente, la escuela me aceptó, y después de unos primeros meses difíciles, conseguí amoldarme. No me hizo falta acabar mis estudios de secundaria para entrar en la universidad. Y no estaba mal estudiar con chicos. No podía dedicarles mucho tiempo porque pasaba mucho tiempo estudiando, participando en actividades deportivas y cantando en el coro de la escuela.

Lo que aprendí de esta experiencia me ha ayudado a lo largo de mi vida. Si tienes una misión fundamental para ti [VERDAD], sabrás los pasos que debes tomar para conseguirla. Es posible que tengas que esforzarte y ser valiente para sacar el mayor provecho de tus conocimientos y activos, pero haz el salto. No podrás nadar si no te tiras al agua.

Cuanta más seguridad busques, menos seguridad tendrás. Pero cuantas más oportunidades busques, más probable es que logres la seguridad que deseas.

BRIAN TRACY

ABANDONA Y DA UN SALTO HACIA DELANTE

Michael Dell creó Dell Computers en 1984 en su dormitorio, con un capital de mil dólares. Cuando todavía estaba en el instituto, Michael consiguió su primer ordenador. Cuando lo descompuso, se dio cuenta de que basándose en el coste de los componentes, había un enorme margen de beneficios en el negocio de la informática. Investigó, y descubrió que había muchos elementos ineficaces, y que ese era el motivo de que los precios fueran mucho más altos de lo que deberían. Vio la necesidad de crear un sistema eficiente para servir al creciente mercado de personas que querían ordenadores específicos y con precios asequibles. También vio que podía crearlos. Tuvo la visión de que podía ofrecer un mejor servicio, mejores precios y más rapidez que IBM, el líder de la industria dirigido por ejecutivos e ingenieros informáticos con infinitamente más experiencia y formación que Dell. Era una idea audaz de un joven de diecinueve años que enseguida dejó los estudios para llevar a cabo su teoría [ESPADA].

Michael entró en el nuevo y desconocido mundo de los negocios y de la venta por internet sin nada más que su propia convicción. Os podéis imaginar que su familia y sus amigos tendrían serias dudas sobre su decisión de abandonar la Universidad de Texas para hacer algo que nadie había hecho antes, especialmente en un momento en el que no tenía dinero ni experiencia. Pero Michael sabía que marcaría la diferencia en la forma en que se vendían y comercializaban los ordenadores.

Y tuvo razón. Michael Dell creó una empresa que desafiaba las normas convencionales. Produjo, vendió y entregó productos a los consumidores como nadie había hecho hasta entonces. Al vender ordenadores directamente a los consumidores, pudo saltarse a los intermediarios y a los minoristas. Dell fue la primera empresa informática en vender por internet. Actualmente, la mitad de sus ventas se realizan en la web.

En cada punto del camino, Dell no tenía ninguna garantía de éxito. No podía tenerlo, porque hollaba un sendero por el que nadie había transitado. Al esforzarse él y su empresa para innovar y asumir riesgos, creó algo que antes sólo estaba en su mente. Y a pesar de su miedo al fracaso, y ante las dudas del entorno, consiguió convertir su sueño en realidad. La experiencia le ha dado la valentía de desmarcarse y avanzar por terreno virgen, ideando y desarrollando nuevas estrategias para cumplir su objetivo de servir al consumidor más rápido y barato [ESPADA].

Hoy en día, al beneficiarse de los elementos eficaces creados en parte por la cadena de suministro en red de Dell, la empresa sigue siendo rentable, aunque ha tenido que luchar contra la competencia bajando tanto los precios que se creó una guerra de precios de PC.

Una vez más, Dell rompió el mecanismo de seguridad de su molde. Con una economía que sufre los efectos de la caída de las punto.com y la crisis económica generalizada, aparte de los efectos perdurables del 11 de septiembre, no era un buen momento para que una empresa redujera precios. Era muy arriesgado, porque era posible que esa disminución no se viera contrarrestada por un mayor volumen de ventas. ¿Y si los consumidores no querían comprar ordenadores en tiempos difíciles, al margen de su precio? Si alguna vez hubo un tiempo para que Michael dijera «lo haré tan pronto como... la economía se recupere, suban los márgenes de beneficios y los consumidores muestren interés», ese era el momento.

Pero las reducciones de precios se aplicaron igualmente y, por ahora, la estrategia de Michael funciona. La cuota de mercado de Dell está subiendo y son capaces de mantener los beneficios gracias a un mayor volumen de ventas y a su eficacia.

En 2001, según *BusinessWeek Online*, Dell conectaba a un 90 por ciento de sus proveedores a su sistema de producción mediante internet, de este modo recibían información actualizada cada minuto sobre los pedidos y podían reponer en tiempo real. Esto permitió a Dell reducir drásticamente su inventario a cinco días el año pasado (un descenso de los trece días de 1997) y ahorrar cincuenta millones de dólares. En comparación, la empresa rival Compaq Computer Corporation tardó más de tres semanas en hacer inventario el último trimestre. Una vez más, Michael llevaba a su empresa hasta nuevas fronteras, unos límites a los que ninguna empresa había llegado. Dell sigue explorando y asumiendo riesgos calculados a diario.

Su última estrategia consiste en alentar a los clientes a adoptar sistemas de abastecimiento por internet que se conecten directamente al sistema de gestión de pedidos de Dell. Este sistema ahorra tiempo al comprador y a Dell, porque además la empresa se hace una idea de las necesidades de los clientes. Dell afianza a los clientes leales y se asegura una planificación eficaz de la información. Todos salen ganando, y es un sistema nuevo que nadie había ideado hasta el momento.

En 2002, Dell Computer ocupaba el puesto 53 de la lista *Fortune 500*, por delante de gigantes como UPS, Motorola, Dow Chemical y Pepsi. Michael Dell, con unos ingresos netos anuales de más de once mil millones, ocupa el puesto 18 de la lista *Forbes* de las personas más ricas del

No esperes a saber cómo hacer algo

mundo. Lo logró siendo valiente y explorando terreno virgen. En definitiva, siguió su misión. No esperó a asegurarse de que su idea fuera viable, no siguió el ejemplo de otra persona. Al creer en sí mismo y en su propósito, vivió su sueño [ESPADA].

Hace años, mientras hablaba con Barbara De Angelis, una querida amiga mía, le revelé que estaba muy nerviosa porque tenía que hablar delante de cinco mil personas, y era la mayor audiencia a la que me había dirigido. Ella se echó a reír: «¿Qué vas a hacer? ¿Practicar delante de otras cinco mil personas?». Siempre va a haber una primera vez. No siempre puedes practicarlo todo. A veces, tienes que lanzarte.

Básicamente, esos saltos siempre me han salido bien, y cuando no he cumplido con un proyecto de inmediato, aprendo la lección [ERROR] y la veo como una oportunidad para aprender a hacerlo mejor la próxima vez. Este concepto ha hecho aumentar mi base de experiencias, y como resultado de ello, soy más fuerte y sabia.

Puntos de acción

1. Vuelve a analizar tu misión.

2. Centra tus pensamientos y objetivos en ella.

3. Explora los caminos para llegar a cumplir tu misión.

4. Investiga y prepárate para la acción.

5. Pide ayuda y apoyo.

6. Avanza con entusiasmo y valentía.

7. Debes estar presente, ser honesto, y comprometerte con tu proyecto.

8. Aprende y adáptate a la situación.

9. Diviértete a lo largo de este proceso.

Mi actitud es que si me empujas hacia algo que consideres una debilidad, yo convertiré esa aparente debilidad en una fortaleza.

Michael Jordan

No esperes a saber cómo hacer algo

CAPÍTULO QUINCE

MARCA LA DIFERENCIA, Y UNA ESTRELLA DE MAR CADA VEZ

LA HISTORIA DE LA ESTRELLA DE MAR me ha ayudado en momentos de desesperación, cuando me preguntaba si estaba ayudando al mundo. Me resulta especialmente útil porque la oí de mi querido mentor Robert Muller, quien durante más de treinta años fue adjunto al Secretario General de Naciones Unidas.

Un día, un hombre caminaba por la playa por la tarde, cuando la marea estaba baja. Por la mañana había pasado una tormenta de verano y por eso el ambiente estaba frío y nítido. Él sonreía mientras caminaba, porque disfrutaba de la belleza del día y de la playa desierta que parecía extenderse kilómetros y kilómetros.

A lo lejos, pudo ver una figura solitaria que andaba hacia él. A cada pocos pasos, el desconocido se inclinaba para recoger algo y arrojarlo al agua. A medida que el hombre se acercaba al desconocido, se dio cuenta de que esos objetos eran estrellas de mar. La playa estaba llena de ellas debido a la tormenta. Había estado tan absorto en sus pensamientos que ni siquiera se había dado cuenta de ellas. Pero estaban por toda la playa.

—¿Qué está haciendo? —preguntó el hombre al desconocido.

El desconocido tomó cuidadosamente otra estrella de mar que había en la arena.

—Devuelvo las estrellas de mar a su hogar, donde puedan vivir.

—Pero quizás haya miles de ellas, decenas de miles. ¿En qué puede ayudar usted?

El desconocido sonrió y lanzó una estrella al agua.

—He ayudado a esta estrella —sentenció.

Inspirado por el hombre de las estrellas de mar, Robert ha aplicado este principio a su vida, en lo que él denomina «la Milla Limpia». Allí donde va, limpia una milla de terreno. Cuando está en su casa de Costa Rica, limpia una milla durante su paseo diario hasta la oficina, en la Universidad de la Paz. Cuando va al cementerio, donde descansa su esposa, limpia una milla. Lo ha hecho durante más de veinte años, desde que inició esta tradición en su trayecto diario a la estación de trenes de Nueva York.

Hace dos años, mientras Robert estaba en Cerdeña, Italia, limpió una playa cerca de su hotel antes de intervenir en la Conferencia sobre Globalización y el Destino del Estado-Nación. En la posterior conferencia de prensa, le preguntaron cómo una persona podía marcar la diferencia. Contó la historia de la estrella de mar y habló sobre la limpieza que había hecho en la playa. El relato fue publicado en *Il Messaggero*, el principal periódico italiano. Inspiró a tantas personas, que ciento veinte mil voluntarios limpiaron doscientas playas en una semana. Quinientos jóvenes ecologistas de nueve países mediterráneos se reunieron para crear el Proyecto Limpieza del Mediterráneo ese mismo verano. Otro programa fundado por la región, llamado «Playas Limpias», es un proyecto permanente en Italia. Y todo empezó con un hombre que se dedicó a limpiar una milla [SOCIOS].

Cuando marcas la diferencia, tanto si se trata de una estrella de mar o de un montón de basura, el efecto dominó que produce es mágico. Quizá con ello no se cree un cambio global, ni te conviertas en la persona más rica del planeta. Tampoco será algo que te haga ganar el premio Nobel. Pero tendrá un impacto positivo. En resumidas cuentas, eso es todo lo que podemos hacer: cambiar paso a paso, y persona a persona.

Lo único que necesito para marcar la diferencia es valor para dejar de demostrar que tenía razón al ser incapaz de marcar la diferencia... dejar de asignar la causa de mi incapacidad a las circunstancias ajenas a mí, y ser capaz de haber sido de esta manera; ver que el miedo a ser un fracaso es mucho menos importante que la oportunidad única que tengo de marcar la diferencia.

WERNER ERHARD

UN TEJEDOR DE ALFOMBRAS QUE CAMBIA EL MUNDO

Otra historia que me encanta es la de Iqbal Masih, Iqbal era un niño paquistaní que fue vendido al propietario de una fábrica de alfombras por sus padres a cambio del equivalente a una suma de doce dólares cuando Iqbal tenía cuatro años. Durante los seis años siguientes, mientras estaba literalmente engrillado al telar, tejía alfombras y ataba nudos a todas horas del día y de la noche. Cuando tenía diez años, se escapó. Encontró refugio en el Frente de Liberación del Trabajo Esclavo en Pakistán, y pasó los próximos dos años ayudando a otros niños esclavos a escapar de su destino.

Tuve el privilegio de conocer a Iqbal cuando llegó a Estados Unidos para aceptar el primer premio juvenil Reebok de derechos humanos, que rindió honor a Iqbal no sólo por liberar a otros niños, sino también por llevar a la atención internacional el sufrimiento de miles de niños que eran esclavizados para fabricar alfombras. Prometió utilizar el dinero del premio para pagar su escolarización, así se convertiría en abogado y ayudaría a otras personas.

Lamentablemente, menos de un año después, el niño de doce años volvió a Pakistán y fue asesinado. El señor Kahn, presidente del Frente de Liberación del Trabajo Esclavo en Pakistán, afirmó que el niño había recibido muchas amenazas de muerte de miembros enfadados de la industria de las alfombras, quienes deseaban silenciar a Iqbal [VERDAD/ESPADA]. La campaña de Iqbad ya había facilitado el cierre de docenas de tejedoras en su distrito. Pero su muerte injusta no acalló el movimiento que había iniciado.

Un artículo sobre la vida y la muerte de Iqbal captó la atención de otro niño de doce años, el canadiense Craig

Kielburger, que vive en Ontario. Se sintió motivado por la cruzada de Iqbal y decidió continuar su labor. Craig fundó Free the Children, una organización juvenil con la siguiente misión: «Liberar a los niños de la pobreza, la explotación y el abuso para dar a los niños una voz, habilidades de liderazgo y oportunidades para adoptar acciones en temas que les afecten en el ámbito local e internacional».

En 1996, dos años después de que Iqbal recibiera el premio Reebok, Craig Kielburger ganó ese mismo premio. Craig había aceptado la antorcha que el joven pakistaní había encendido para ayudar a los demás y liberarse de un terrible abuso. Las acciones de Iqbal eran ampliamente conocidas. Las personas que le mataron pensaron que su muerte supondría el fin de su labor, pero el espíritu de Iqbal resurgió.

Actualmente, Craig y su organización han difundido el mensaje de esperanza de Iqbal y el activismo social juvenil en treinta y cinco países en todo el mundo. Free the Children está dedicada a eliminar la explotación infantil en todo el mundo alentando a los jóvenes a ser voluntarios, y a crear programas y actividades que alivien el dolor de los niños desfavorecidos. ¡Qué legado ha dado al mundo un niño de doce años, analfabeto, natural de una de las regiones más pobres!

El extraordinario espíritu de estos niños es una muestra de que una persona sí puede cambiar las cosas, una persona cada vez. Al hacer lo que puedo con gratitud y devoción, confío en que cada paso, cada buena obra, se añada a la magia de la curación y la mejora del mundo que todos compartimos.

Tú también puedes encontrar consuelo al saber que, sea lo que sea lo que escojas, puede tener influencia en el mundo, y ser de mayor ayuda de lo que jamás imaginaste.

PUNTOS DE ACCIÓN

1. Ancla tu trabajo de servicio en tu misión.

2. Combina y sinergia tu habilidad para generar ingresos y devuélvelos al mundo.

3. Celebra y céntrate en lo que puedes hacer.

4. Sé agradecido por lo bueno.

5. Reconoce lo positivo y ten por seguro de que estarás marcando una diferencia beneficiosa.

Creo que el propósito de la vida es ser útil, ser responsable, ser honorable y ser compasivo.
Consiste, a fin de cuentas, en preocuparse por algo, en contar con ello y defenderlo; conseguir que en tu vida hayas marcado la diferencia.

LEO C. ROSTEN

EPÍLOGO

Y A HEMOS LLEGADO al final del libro. ¿Qué palabras de sabiduría podría dejaros? ¿Qué núcleo de información transmitirá ese elemento mágico que asegura el éxito y la felicidad?

Es bien sencillo. Nunca olvides que tienes todo lo que necesitas en tu interior. Te vales por ti mismo.

¿Puedes pulir esta joya que está en tu interior? Probablemente. ¿Puedes perfeccionar tus puntos fuertes, tus habilidades, e incrementar tus recursos? Por supuesto. Pero todo eso será mucho más sencillo si te recuerdas que tu fuero interno es bueno. Y puedes utilizar lo que tienes para conseguir lo que quieres, si permaneces centrado en tu misión y confías en ti mismo y en el bien superior.

Cuando ya hayas aceptado el hecho de que tienes todo lo que necesitas para tener éxito, lo primero que debes hacer es encontrar tu misión. Sal a pasear por la naturaleza, medita, escribe un diario, reflexiona y escucha a tu guía interior. Formúlate preguntas importantes: ¿Por qué estás aquí? ¿Cuál es el propósito de tu vida?

Espera a que te lleguen las respuestas desde el centro de tu ser. Luego confía en esa sabiduría y utilízala para formular la misión de tu vida. Tu misión surgirá de los aspectos que consideres más importantes.

Cuando ya hayas encontrado tu misión, invierte algo de tiempo en saber qué más tienes en tu interior. Haz un inventario de todos tus activos (físicos, financieros, relacionales, emocionales y espirituales). En cada una de esas áreas, posees una combinación distintiva de cualidades que nadie más posee. Esta diferencia te ayudará a alcanzar tus objetivos.

Empieza desde donde te encuentras en este momento. Puedes elegir cómo quieres crear el resto de tu vida con tu actitud. Es posible que no puedas controlar lo que ocurre en el mundo exterior, pero puedes controlar lo que ocurre en tu interior. Puedes hacer esta elección en virtud de cómo respondas a lo que ocurre dentro y fuera de ti.

Toma un paso a la vez. Cuando sientas que el mundo te acorrala, respira hondo y regresa a tu centro interior. Tómate tiempo para reflexionar sobre las implicaciones y el sentido profundo de tus circunstancias. Aprende las lecciones que te enseña la situación actual. Avanza con las revelaciones que has aprendido por tu experiencia. Observa y absorbe las lecciones que ves en toda la humanidad.

Cuando te sientas agotado, te será más fácil dejarte llevar por algo que parece más fácil que seguir fiel a tu misión. No te distraigas de tu misión por lo que parezca más conveniente en cierto momento. Si tus planes y estrategias son fuertes y viables antes de embarcarte en ellas, tendrás una alta probabilidad de éxito. No dudes en buscar ayuda y apoyos a lo largo del camino. Sé flexible en el desarrollo, pero permanece centrado en busca de tu objetivo.

Organiza y estructura los pasos que vas a tomar hacia tus objetivos. Avanza con diligencia y entusiasmo. Persevera y nunca abandones. Puedes progresar con confianza, sabiendo que estás haciendo lo mejor y que eso en sí mismo merece la pena. Aprendemos en el viaje. Considera el desenlace deseado como un añadido positivo.

Dedícate un tiempo a cuidar de ti. Sólo darás lo mejor de ti si estás al cien por cien presente y te sientes bien. Debes estar alerta en el momento presente. Céntrate en tu razón de ser. Respétate a ti mismo y a los demás. Te hará sentir bien y es lo correcto.

Vive cada día como si fuera el último. Nunca sabes lo que te deparará el futuro, pero si vives cada día con honestidad e intensidad, no te lamentarás de nada si ese día resulta ser el último.

Da gracias por todo lo que tienes. Si te quejas de tu suerte, da gracias por todas las cosas que no tienes y que no quieres. La gratitud es una actitud que puedes cultivar. Cuando miras la vida como si fuera un vaso medio lleno, en vez de medio vacío, todo momento es más placentero y feliz. Diviértete; comparte la dicha de estar vivo.

Recuerda siempre que debes seguir tu pasión, decir la verdad, tomar riesgos calculados, ampliar tus capacidades y compartir. Estos breves conceptos son importantes e incidirán profundamente en tu vida. Te sentirás mucho más vivo y entregado a la vida cuando te comprometas a sacar todo tu potencial. Persigue tu sueño, independientemente del resultado. Estarás en paz si has hecho todo lo que has

Epílogo

podido. De lo contrario, siempre te preguntarás si estuviste aplazando hasta que fue demasiado tarde. Sé flexible y céntrate en lo que crees. Confía en el correcto desarrollo de tu vida.

Eres el mejor defensor de tu misión cuando crees verdaderamente en ella. Una firme dedicación a tu propósito se reflejará en todo lo que hagas. Cuando combinas el compromiso con tu misión y el respeto y la consideración hacia las personas con quienes compartes tu visión, tu poder y tu carisma influenciarán en los demás. Esas cualidades son tuyas cuando las compartes desde tu corazón.

Para incrementar las opciones de éxito, determina primero la viabilidad de tu estrategia actual, y asegúrate de que tu plan se corresponda con tu propósito. Cuando ya hayas reunido los recursos necesarios, estarás en camino para convertir tu plan en realidad. Es importante llevar una vida saludable: cuidar de tu salud física y emocional, pasar tiempo con familiares y amigos, y dedicarte a tus intereses intelectuales y a tu llamada espiritual. Deja un espacio para el juego y la risa. Tú y los demás os sentiréis mucho mejor.

Observa tu vida como una continua experiencia de aprendizaje. Mientras abarcas nuevas oportunidades profesionales y personales, amplías tu alcance y tus habilidades. Explora lo desconocido y lo nuevo en tu trabajo y en tu vida; incorpora los atributos que creas que pueden mejorar tus habilidades y tus interacciones; asume riesgos (aprenderás y avanzarás cuando lo hagas) porque ello te mantendrá vivo y activo.

Es importante tener mentores y pasar tiempo con ellos. Son tus aliados y guías mientras avanzas en tu camino. Apreciarás la sabiduría y el aliento que te ofrecen. A partir de sus ejemplos, recibirás la inspiración para hacer de mentor a otras personas; es una relación mutuamente beneficiosa de la que aprenderás y con la que también te divertirás.

Una de las principales diferencias entre los seres humanos y los animales es que podemos hacer el bien de forma consciente. Crea una diferencia positiva y esto te aportará una enorme satisfacción por sentirte partícipe de una mejora en el mundo. Incorpora hacer el bien en tu trabajo y entorno laboral. Colabora de voluntario en una organización no gubernamental. Sé amable con las personas y con el medio ambiente. Haz lo que puedas allí donde estés, toma un paso a la vez, y presta atención a una persona a la vez. Hazlo todo con integridad y en línea con tu misión vital, y tu mente y corazón estarán en paz. Y desde ese espacio seguro de paz interior, ¡sabrás lo que ya tienes para conseguir lo que quieres!

Epílogo

No es el crítico quien cuenta; no es quien señala cómo se cae un hombre fuerte, cómo el hacedor podría haberlo hecho mejor. El mérito pertenece al hombre que actúa, cuyo rostro está cubierto de polvo, sudor y sangre; quien lucha valientemente; quien comete errores y no está a la altura de las circunstancias una y otra vez, porque no existe ningún esfuerzo sin errores ni fallos. Pertenece a quien realmente lucha para hacer las cosas, quien conoce grandes emociones, grandes devociones, quien se dedica a una causa digna; quien, en el mejor de los casos, conoce el triunfo de la hazaña y quien, en el peor de los casos, si fracasa, al menos fracasa arriesgando mucho. De este modo, nunca descansará con esas almas frías y tímidas que no conocen ni la victoria ni la derrota.

THEODORE ROOSEVELT

SOBRE MARILYN TAM

Marilyn Tam ha logrado más a lo largo de su vida de lo que jamás pudo haber imaginado. Nació en Kowloon, Hong Kongh, y ha llegado a ser una influyente líder en el mundo de los negocios, aparte de conferenciante, asesora, escritora, y una respetada filántropa. Creció en el seno de una familia tradicional china, y recibió una semilla de esperanza e inspiración de su abuelo, que continuaría dando fruto a lo largo de toda su vida. Durante su adolescencia abandonó Hong Kong y viajó sola, con dos maletas, para estudiar en Estados Unidos. La joven Marilyn esperaba encontrar más oportunidades en ese mundo nuevo, desconocido y lejano para ella.

La distinguida carrera profesional de Marilyn incluye puestos como ejecutiva en numerosas empresas internacionales de gran dinamismo: May Department Stores, Britannia Sportswear, Miller's Outpost, Nike, Reebok y Aveda. En cada transición, guiada siempre por su subyacente pasión para crear un cambio que cree una diferencia positiva en el mundo, Tam ha adquirido nuevas revelaciones al vivir según sus Cuatro Principios. Mientras continúa creciendo, Marilyn ha aprendido que estos principios le han servido muy fielmente a lo largo de su vida. Su trayectoria como persona y como fuente de esperanza e inspiración es un proceso sin fin. Marilyn se ha dado cuenta de que jamás debemos dar por sentado que hemos «llegado al final» y, por tanto, alejarnos de los cimientos sobre los que vivimos.

La carrera de Marilyn empezó a mediados de la década de los setenta, cuando pasó a ser una ejecutiva en prácticas de los almacenes May de California, y rápidamente fue escalando puestos hasta convertirse en la primera de su grupo de ejecutivos en prácticas en ocupar el cargo de compradora. Antes de acabar su primer año como compradora, se había ganado la responsabilidad de comprar productos sumamente importantes para su departamento en todo el país.

A finales de la década de los ochenta, Marilyn estaba alcanzando un impacto global. Su contribución fue de vital importancia para crear una línea de ropa y accesorios deportivos para atletas profesionales y el mercado el general, y pasó a ser la vicepresidenta de las divisiones de ropa y accesorios de Nike. Al trabajar con varios deportistas de elite y con fabricantes internacionales de tejidos, su equipo de Nike creó nuevos tejidos y accesorios que sirvieran para incrementar el rendimiento deportivo. Su equipo dirigió el camino en la creación de ropa, calzado y accesorios conjuntados para atletas, lo cual ayudó a afianzar la posición de Nike como líder en la industria del deporte.

El liderazgo de Marilyn como presidenta del grupo de productos textiles y venta al detalle de Reebok entre 1990 y 1993 también estuvo marcado por la excelencia y la innovación. Como directora del desarrollo de las tiendas Reebok y Rockport, Tam consiguió establecer unas contundentes identidades de marca para los productos de su empresa en medio de un ambiente sumamente competitivo. Dirigió el cambio para poder disponer de un acceso instantáneo a los competidores más importantes y a información sobre el mercado. Por su sabia y centrada aportación a las divisiones Greg Norman y Reebok Golf, las ventas y la cuota de mercado crecieron espectacularmente bajo el liderazgo de Marilyn. También colaboró en el exitoso lanzamiento de la división Weebok de Reebok, una marca pionera en el sector del calzado y la ropa infantil deportiva.

Aparte de su liderazgo en el ámbito empresarial, Marilyn se convirtió en miembro fundador de la Red Mundial para la Paz 2000, creada en 1996. También sirvió durante cinco años en el consejo internacional de los Premios de Derechos Humanos Reebok, junto con el expresidente y Nobel de la Paz Jimmy Carter, el presidente de los juegos paralímpicos Rafer Johnson, los famosos músicos y activistas Peter Gabriel y Sting, junto con otros muchos miembros distinguidos. Al final, Marilyn recibió el Premio Reebok de Derechos Humanos.

La siguiente fase en la vida de Marilyn la llevó a ocupar el puesto de Consejera Delegada de Aveda Corporation, la empresa de cosméticos elaborados a base de flores y plantas. Desde 1994 hasta 1996, mejoró sustancialmente los beneficios de la empresa al crear e implementar exitosas estrategias de expansión internacional e innovadoras ideas de comercialización de la marca. Su aportación a

Aveda posicionó a la empresa para luego ser adquirida por Estée Lauder Companies, en lo que fue un acuerdo amistoso y muy reconfortante para Aveda. Para Marilyn fue una enorme satisfacción y todo un placer poder desempeñar un papel central en el crecimiento de una empresa en cuyos valores creía profundamente. En la actualidad sigue conservando una gran amistad con el fundador de la empresa.

En febrero de 2000 Marilyn se convirtió en presidenta de Fasturn, una *start-up* compuesta de ocho personas, para la que había empezado a ejercer de asesora sólo cuatro meses antes. Al cabo de unos meses de ocupar su puesto, ella y el cofundador de Fasturn habían reunido más de cincuenta millones de dólares para esta empresa de suministro de software B2B. En la primavera de 2001 Marilyn consiguió aumentar la prominencia de mercado de Fasturn para atraer a un equipo de alta tecnología dirigido por el exvicepresidente de Oracle Software. El crecimiento en valor y en cuota de mercado bajo la orientación de Marilyn fue un logro sorprendente para Fasturn, teniendo en cuenta el descalabro de muchas empresas parecidas durante ese período de tiempo.

Después de la exitosa creación y transición de la gestión de Fasturn, Marilyn decidió dirigir toda su atención a lo que ella sabía que sería su próxima llamada, una que había morado en su corazón durante algún tiempo. Se dedicaría una temporada a escribir un libro, y a compartir con los demás lo que había aprendido de su viaje desde el Hong Kong colonial a los círculos más elevados de los negocios internacionales y la filantropía.

Actualmente, la labor primordial de Marilyn es como fundadora y directora ejecutiva de la fundación Us (www.usfoundation.org), cuya misión consiste en facilitar planes globales de acción y de diálogo para abordar cuestiones sociales, económicas y medioambientales. Us Foundation es una de las asociaciones miembro de Habitat II de Naciones Unidas (la conferencia de Naciones Unidas sobre asentamientos humanos) y también ha sido nominada por el «Premio de Mejores Prácticas» de Habitat II de Naciones Unidas. Desde hace mucho tiempo, Marilyn es miembro del *Who's Who in the World* de Marquis y aparece en el *Who's Who of American Women*. También se dedica a impartir conferencias, y asesora a negocios y a organizaciones no gubernamentales que buscan su ayuda para desarrollar y fortalecer a sus organizaciones. Con su perspectiva única y su amplia experiencia en el mundo de los negocios internacionales, es una conferenciante y una asesora muy codiciada para ayudar a las organizaciones a utilizar lo que tienen para conseguir lo que quieren.

A Marilyn el éxito nunca le ha hecho perder el contacto con la realidad, y sus ojos nunca han perdido de vista el trabajo que se necesita a miles de kilómetros de distancia. Tanto si se trata de mejorar directamente las condiciones laborales de los obreros de las fábricas en todo el mundo, crear y dirigir seminarios para formar a otros empresarios en universidades, o trabajar en organizaciones no gubernamentales, Marilyn ha mantenido un férreo compromiso para dar a los demás. Le guía su creencia en que la filantropía forma una parte integral de su carrera y le aporta un equilibrio y una relevancia esenciales para el trabajo de su vida.

Al unir su perspicacia para los negocios con su pasión por devolver a los demás, Marilyn ayuda a iluminar el camino para las personas que quizá se pregunten si tienen en su interior lo que necesitan para tener éxito y ser felices.

Guía para la lectura

Estimados lectores:

Para ayudaros en este viaje os propongo algunas preguntas provocativas para que iniciéis el debate, y para daros formas alternativas de considerar los temas de este libro. Estas preguntas están pensadas para un pequeño grupo que se reúna entre una o tres horas. Dependerá de vosotros cómo organizáis estas preguntas. Podéis limitar vuestro debate a una sesión, o dividirlo en varias.

PREGUNTAS Y TEMAS DE DEBATE

Al leer este libro, ¿cuál de los cuatro principios te ha llamado más la atención? ¿Por qué?

- [VERDAD] **¿Has estado en una situación profesional en la que no has sido sincero? ¿Qué pasó al final?**

- [SOCIO] **¿Dónde y cómo conseguir ayuda para lograr un apoyo mutuo y cooperación en un proyecto o situación actual? ¿Cuál crees que es el mayor desafío para lograrlo?**

- [ERROR] **En general, ¿crees que tu nivel de riesgo es apropiado para lo que tratas de alcanzar en tu vida? Si no es así, ¿cómo puedes cambiarlo?**

- [ESPADA] **¿Recuerdas un ejemplo en el que no hiciste lo que tu investigación, corazón e instinto te dictaban? ¿Te agradaron los resultados finales?**

- **¿Cuál es el mayor obstáculo/excusa que te impide conseguir lo que quieres?**

Buena suerte, y muchas bendiciones mientras creas la vida que deseas.

MARILYN TAM